家事服务信托研究

李凯更 著

浙江工商大学出版社
ZHEJIANG GONGSHANG UNIVERSITY PRESS
· 杭州 ·

图书在版编目(CIP)数据

家事服务信托研究 / 李凯更著. —杭州：浙江工
商大学出版社，2021.6
ISBN 978-7-5178-4453-2

Ⅰ. ①家… Ⅱ. ①李… Ⅲ. ①信托业务－研究－中国
Ⅳ. ①F832.49

中国版本图书馆 CIP 数据核字(2021)第 072997 号

家事服务信托研究
JIASHI FUWU XINTUO YANJIU

李凯更　著

责任编辑	范玉芳　黄拉拉　谭娟娟
封面设计	沈　婷
责任印制	包建辉
出版发行	浙江工商大学出版社
	(杭州市教工路 198 号　邮政编码 310012)
	(E-mail:zjgsupress@163.com)
	(网址:http://www.zjgsupress.com)
	电话:0571－88904980,88831806(传真)
排　　版	杭州朝曦图文设计有限公司
印　　刷	杭州高腾印务有限公司
开　　本	880mm×1230mm　1/32
印　　张	4.625
字　　数	83 千
版 印 次	2021 年 6 月第 1 版　2021 年 6 月第 1 次印刷
书　　号	ISBN 978-7-5178-4453-2
定　　价	45.00 元

本书献给我的父母,李国锋和曲淑萍。

目录

Contents

第一章 家事服务信托概述

第一章

家事服务信托概述

一、信托业如何更好地服务人民美好生活

（一）信托业在新时代的新目标

2017 年 10 月，党的十九大报告中指出，中国特色社会主义进入新时代，我国社会主要矛盾已经转化为人民日益增长的美好生活需要和不平衡不充分的发展之间的矛盾，要不断满足人民日益增长的美好生活需要，为实现人民对美好生活的向往继续奋斗。同时，十九大报告还提出"民生三感"，强调要使人民获得感、

幸福感、安全感更加充实、更有保障、更可持续。2018 年 12 月，中国银保监会黄洪副主席在出席中国信托业年会时指出，信托业要以转型创新为驱动、以助力人民美好生活为目标，努力顺应新时代。

可以预见的是，随着我国信托业整体转型发展的日渐提速，各信托公司的业务重心将愈加聚焦于如何更好地服务人民美好生活。这意味着信托业必须深入分析新时代人民美好生活的多维度需求，并充分利用信托业的独特制度优势以提供丰富完善的信托服务，在新时代发挥出信托业不可替代的重要作用。

（二）从聚焦获得感到提升幸福感和安全感

根据中国信托业协会于 2018 年 9 月发布的《中国信托业 2017 年度社会责任报告》，68 家信托公司在 2017 年度向投资者分配信托收益金额已达 6831.36 亿元；2011 年至 2017 年累积分配金额更是高达 32507.24 亿元。以上数据充分显示，信托业在有效提升人民美好生活的获得感方面已发挥出重要作用。但获得感仅仅是人民美好生活的一个方面，比提升获得感更具挑战性的是提升人民美好生活的幸福感和安全感。

幸福感来源于人民群众在工作和生活中积极的精神状态和舒心的内心体验，家庭和睦、少有所养、壮有所用、老有所依能够增强幸福感,热心慈善、助力环保、关爱他人、帮扶弱小等善举在提升自身幸福感的同时,还能增进他人的幸福感。安全感则主要取决于人民群众在长时间维度下对个人、社会和国家的扎实稳定的心理预期,既涉及人民群众人身和财产安全得到有效保障的期望,又涉及人民群众对生活环境绿色、健康、可持续的期望,还涉及人民群众对国家经济社会长期稳定发展的期望。

在提升人民群众美好生活的幸福感和安全感方面,诸多信托业可以凭借信托制度优势发挥专业力量。目前,信托业在创新业务领域也正逐步从服务人民群众财产保值增值逐步扩展到服务人民群众美好生活中更为个性化的多维度需求上。在人民群众美好生活的幸福感和安全感方面,家庭和睦是重要基础。家庭对人的影响贯穿了整个生命周期。家庭和睦离不开对家庭财产的妥善管理和分配,离不开对潜在纠纷的事先预防,离不开稳定的资金支持。在子女教育、退休保障、家事纠纷预防与化解、家庭财富的代际传承等家事领域,均有信托制度的灵活适用空间。可以预见的是,在家事服务领域,中国信托业大有可为。

二、服务信托:中国信托业转型新方向

作为我国金融体系的重要组成部分,信托业在我国已有40

余年的发展历程。1979 年,我国第一家信托公司成立,信托业在改革开放的浪潮下开启了探索之旅。在 1979 年至 2001 年 20 余年间,尽管信托业的发展经历了一些波折和坎坷,但已发挥出重要的历史作用,为金融体制改革贡献了重要力量。第一,信托业弥补了银行信贷的不足,突破了计划经济体制的限制。第二,信托业有力推动了城市基础设施建设,促进了地方经济的发展。第三,信托业推动了利率市场化改革,加速了中国金融体制改革的整体进程。①

2001 年,《中华人民共和国信托法》(以下简称《信托法》)颁布实施,标志着信托制度在我国正式得到了确立。2002 年,《信托投资公司管理办法》和《信托投资公司资金信托管理暂行办法》(这两部规范与《信托法》合称为"一法两规")先后颁布实施,标志着我国信托业的发展进入了法制化轨道。"一法两规"将信托公司定位为主营信托业务的金融机构,而信托公司"受人之托、代人理财"的基础制度得以确立。

2007 年,《信托公司管理办法》和《信托公司集合资金计划管理办法》(简称"新两规")颁布实施,意味着我国信托业的发展进入了新的阶段。宏观经济持续稳定增长、监管体系日趋完善使信托公司在接下来的十几年中取得了令人瞩目的快速发展。

以信托行业信托资产管理规模数据为例,2004 年,全行业信

---

① 刘光祥:《大资管与信托实战之法》,中国法制出版社 2018 年版,第 29—30 页。

托资产管理规模仅为 150 亿元。在"新两规"颁布实施仅 1 年后，2008 年全行业信托资产管理规模就提升至 12284 亿元，[①]是 2004 年的 80 余倍。该规模于 2010 年突破 3 万亿元，于 2013 年突破 10 万亿元，于 2016 年突破 20 万亿元，于 2017 年突破 26 万亿元，达到历史最高峰。

随着内外部形势的变化，信托公司在经历了一段时间的高速发展后，又走到了一个十字路口。2017 年底，信托行业资产管理规模在达到 26 万亿元的历史峰值后逐渐收缩。2020 年 6 月底，信托行业资产管理规模约为 21 万亿元。从宏观经济的角度来看，我国经济已由高速增长阶段转向高质量发展阶段，正处在转变发展方式、优化经济结构、转换增长动力的攻关期；国际经济增长缓慢，经贸摩擦加剧，贸易保护主义愈演愈烈，不确定因素明显增多。2020 年新型冠状病毒肺炎全球暴发，更是对全球经济提出了极大挑战。从行业形势的角度来看，在"服务实体经济""破刚兑""去嵌套""去通道""严控房地产信托""压降传统融资类信托"等宏观调控政策和监管政策的指导下，信托业也到了必须回归本源、转型发展的关键历史时刻。

在信托行业转型发展方面，尤为值得关注的是 2018 年 12 月 25 日至 26 日召开的 2018 年中国信托业年会。本次会议对中国

---

① 百瑞信托博士后科研工作站：《信托研究与年报分析（2009）》，中国财政经济出版社 2009 年版，前言第 1 页。

信托业的转型发展具有里程碑式的意义——"服务信托"被首次提出。中国银保监会黄洪副主席在会上强调,信托业务要坚持发展具有直接融资特点的资金信托,发展以受托管理为特点的服务信托,发展体现社会责任的公益(慈善)信托。[①]

根据相关研究,服务信托是指以信托财产独立性为前提,以资产账户和权益账户为载体,以信托财产安全持有为基础,为客户提供开户/建账/会计、财产保管/登记、交易、执行监督、结算/清算、估值、权益登记/分配、信息披露、业绩归因、合同保管等托管运营类金融服务的信托业务。[②]

近年来,信托公司的传统非标债权融资业务受到了监管层面极为严格的监管和限制。2020 年 5 月,中国银保监会发布《信托公司资金信托管理暂行办法(征求意见稿)》(以下简称《资金新规》)。《资金新规》要求信托公司管理的全部集合资金信托计划向他人提供贷款或者投资于其他非标准化债权类资产的合计金额在任何时点均不得超过全部集合资金信托计划合计实收信托的 50%。这意味着信托公司在传统非标债权融资业务之外,必须寻找到真正能够占据半壁江山的新型业务,否则资产管理规模将急速萎缩。

---

① 中国信托业协会:《新时代、新使命、新征程——2018 年中国信托业年会在北京召开》,载于中国信托业协会官方网站 http://www.xtxh.net/xtxh/industry/44993.htm。

② 王道远、周萍、翁两民:《信托的逻辑》,中信出版社 2019 年版,第 183 页。

如果说《资金新规》仍处于征求意见的阶段，距离真正实施还遥远，尚不能起到立竿见影的效果，但自 2020 年 6 月开始的监管窗口指导，则真正体现出监管部门进一步将信托公司传统非标融资类业务大门关紧的决心。根据媒体公开报道，多家信托公司接到了监管部门的窗口指导，要求信托公司压降主动管理类融资信托规模。有的信托公司被要求以其 2019 年底的主动管理类融资信托规模为基础，按 20％左右的比例进行压降。[①]

监管层面在对信托公司的传统非标债权融资业务进行严格限制的同时，却对服务信托业务给予充分扶持。《资金新规》第二十九条明确规定："服务信托业务不属于本办法所称资金信托，不适用本办法规定。"《资金新规》第二十九条还对服务信托业务进行了界定："服务信托业务，是指信托公司运用其在账户管理、财产独立、风险隔离等方面的制度优势和服务能力，为委托人提供除资产管理服务以外的资产流转，资金结算，财产监督、保障、传承、分配等受托服务的信托业务。"此规定为信托公司依法合规开展服务信托业务提供了明确指导。

此外，《中国银保监会信托部关于进一步做好下半年信托监管工作的通知》（信托函〔2019〕64 号）（以下简称"64 号文"）中亦有提及要充分支持信托公司开展服务信托业务。根据媒体公开

---

① 《暂停融资类信托消息不实！银保监会下达窗口指导：各信托压降主动管理类融资信托规模》。http://finance. sina. com. cn/stock/hkstock/hkstocknews/2020-06-19/doc-iirczymk7791379. shtml? source＝cj＆dv＝1＆source＝hfquote。

报道,"64 号文"要求监管机构"引导辖内信托机构根据金融服务供给侧结构性改革的需要,大力发展具有直接融资特点的资金信托,服从国家宏观调控要求,为实体经济提供针对性强、附加值高的金融服务。防止信托资金流入限制性或禁止性领域,破除无效信托供给,支持辖内信托机构积极培育以受托管理为特点的服务信托,以及体现社会责任的公益信托,推动信托在财富管理、财富传承、慈善救济、社会稳定等方面发挥积极作用,更好地服务于人民群众对美好生活的向往"。[①]

在《中国银保监会关于推动银行业和保险业高质量发展的指导意见》(银保监发〔2019〕52 号)中,中国银保监会特别强调"信托公司要回归'受人之托、代人理财'的职能定位,积极发展服务信托、财富管理信托、慈善信托等本源业务"。服务信托被列为信托公司高质量发展的首要业务模式。

在此背景下,发展服务信托成为越来越多信托公司战略转型的新方向,业内对服务信托的认知和探索也逐步加深。有论者认为,服务信托是未来信托公司回归信托本源的重要路径。服务信托能够更好地体现信托制度的破产隔离等制度优势,是信托公司最具潜力的业务领域。[②] 还有论者认为,服务信托最能体现信托

[①] 《信托 64 号文下发 明确下半年监管重点》。https://www.sohu.com/a/332 291928_362042。

[②] 袁吉伟:《资管新时代与信托公司转型》,中国铁道出版社 2020 年版,第 263 页。

的制度价值,是可以将信托公司与其他金融机构区别开来的业务。①

既有研究成果显示,服务信托涉及领域广泛,涵盖证券投资服务信托、资产流动化(资产证券化)信托、贸易结算信托、家族信托、保险金信托、年金信托/养老金信托、消费信托、土地流转信托、职工持股信托(及股权激励信托等薪酬福利类信托)、股权信托(及表决权、经营权信托)、慈善与公益信托等。基于中国经济社会发展现状、金融监管架构与市场格局,并结合境外发达国家及地区信托行业与业务的发展历程,证券投资服务信托、资产证券化信托、年金信托与家族信托这四类服务信托业务具备较好的商业前景。②

但是,服务信托不应只是几种非融资性信托业务的简单汇集。相关非融资性信托业务在服务信托的理念影响下也不应是一成不变的固定业务模式。例如,有论者认为,服务信托理念仍处于发展阶段,是一个开放的体系,具有过渡性和开放性等特征。在过渡性方面,服务信托的商业模式现阶段仍在初步的研究探索和实践验证阶段,成熟的服务信托理念和可复制的业务模式尚未

---

① 王道远、周萍、翁两民:《信托的逻辑》,中信出版社2019年版,第183—184页。

② 中国信托业协会2019年课题之一:《服务信托业务研究——业务类型、功能定位与前景展望》,载于中国信托业协会《2019年信托业专题研究报告》,第8页,第44—51页。报告刊登于中国信托业协会官方网站:http://www.xtxh.net/xtxh/reports/45794.htm。

形成,服务信托探索则需要相当长的过渡期。在开放性方面,服务信托是需要业内逐步达成共识的类型化业务,在深化满足委托人个性化意愿的业务开展中,受托服务的内容在不断拓展,受托人服务能力的边界也在不断提升,信托制度基础设施和监管规则也会不断完善,对服务信托的理解和实践也必然会随之不断拓展,呈现动态开放趋势。[①]

有关研究指出,在服务信托的开放体系中,一要重视服务对象的开放,以客户需求为导向;二要重视服务内容的开放,充分借鉴境外经验;三要重视服务方式的开放,充分运用金融科技;四要重视服务能力的开放,均衡整合各项专业能力。[②]

本书以上述有关服务信托的研究成果为基础,将服务信托理念引入家事服务领域,提出家事服务信托的概念,并具体分析家事服务信托和业界已经熟悉的家族信托之间存在的联系和区别,讨论家事服务信托能够在家事领域发挥作用的理论基础,展示家事服务信托的主要功能,并针对家事服务信托的服务时间线设计、信息科技系统建设、生态圈建设等方面提出具体建议,以期拓展服务信托的研究和实践边界,为我国信托公司在服务信托领域

[①] 中国信托业协会 2019 年课题之一:《服务信托分析框架研究——范式创新与行业转型》,载于中国信托业协会《2019 年信托业专题研究报告》,第 64 页。报告刊登于中国信托业协会官方网站:http://www.xtxh.net/xtxh/reports/45794.htm。

[②] 中国信托业协会 2019 年课题之一:《服务信托分析框架研究——范式创新与行业转型》,载于中国信托业协会《2019 年信托业专题研究报告》,第 65—66 页。报告刊登于中国信托业协会官方网站:http://www.xtxh.net/xtxh/reports/45794.htm。

的探索和实践提供参考。

三、从家族信托到家事服务信托

家族信托在我国的发展已有近 10 年的历史。自 2012 年和 2013 年开始,多家信托机构开始落地家族信托项目。但在 2012 年至 2018 年之间,由于缺乏明确的监管规范,国内家族信托业务仍处于初步探索阶段,发展速度较为缓慢,总体业务规模亦不高。

2018 年 4 月 27 日,中国人民银行、中国银行保险监督管理委员会、中国证券监督管理委员会、国家外汇管理局联合发布《关于规范金融机构资产管理业务的指导意见》(以下简称《资管新规》),其中,打破刚兑、禁止多层嵌套和净值化管理等新规范对信托公司传统业务模式形成巨大挑战。

在此背景下,银行保险监督管理委员会于 2018 年 8 月 17 日下发《关于加强规范资产管理业务过渡期内信托监管工作的通知》(以下简称"37 号文"),旨在落实资管新规有关要求,加强信托业务监管,稳妥有序地推进资管新规过渡期内整改工作,维护金融和社会稳定。"37 号文"首次对家族信托给予"官方定义",开启了国内家族信托业务发展的新时代。自此之后,我国家族信托领域呈现出井喷态势。根据媒体有关报道,截至 2020 年 3 月底,我国家族信托存量规模突破 1000 亿元;截至 2020 年 6 月底,我国家族信托存量规模达到 1863 亿元。

"37 号文"规定:"公益(慈善)信托、家族信托不适用《指导意见》相关规定。家族信托是指信托公司接受单一个人或者家庭的委托,以家庭财富的保护、传承和管理为主要信托目的,提供财产规划、风险隔离、资产配置、子女教育、家族治理、公益(慈善)事业等定制化事务管理和金融服务的信托业务。家族信托财产金额或价值不低于 1000 万元,受益人应包括委托人在内的家庭成员,但委托人不得为唯一受益人。单纯以追求信托财产保值增值为主要信托目的,具有专户理财性质和资产管理属性的信托业务不属于家族信托。"

从"37 号文"对家族信托的定义中可以看出,信托公司提供的家族信托服务与传统信托理财产品相比,具有以下主要区别:第一,主要功能不同。传统信托理财产品的主要功能为资产保值增值。家族信托的功能则更多样,除了资产保值功能以外,还具备风险隔离、财富传承、税务筹划、公益慈善和隐私保护等多种功能。第二,存续期不同。传统信托理财产品的存续期以 1 至 2 年为主。家族信托的存续期则更为长久,通常不低于 10 年,委托人甚至可以设置永续型家族信托,家族信托的存续期可能远远超过委托人的寿命。第三,个性化程度不同。传统信托理财产品采取标准化结构,不同产品的交易结构和核心要素并无显著区别。但家族信托可以根据委托人需求进行个性化设计,甚至达到千人千面,不同家族信托的结构和要素可能存在显著不同。

　　但家族信托是否就是信托公司的服务信托业务在家事领域的最终形态呢？本书认为,并非如此。主要原因在于,家族信托能够服务的人群相对有限。从家族信托的名称上就不难看出,家族信托的目标服务客户是超高净值人群。多年来,人们也习惯将家族信托与洛克菲勒、李嘉诚等顶级巨富联系在一起。但如果作为服务信托在家事领域之典型代表的家族信托业务只能服务于此类超高净值人群的话,那么服务信托在家事领域的适用空间将极其有限,无法真正起到广泛"服务人民美好生活"的社会作用。

　　在"37号文"的规范下,目前我国家族信托的财产规模起点是1000万元。根据招商银行与贝恩公司联合发布的《2019中国私人财富报告》显示,2018年中国个人可投资资产1000万人民币以上的高净值人群规模约197万人,不到200万人。以2019年我国总人口约14亿人的规模算,我国家族信托能够服务的潜在核心客户群体不足总人口的0.14%。由于家族信托的服务范围包括高净值人群的整个家族,因此实际能够享受到家族信托服务的人群要高于上述0.14%的比例,但即使以一个高净值人群的家族人数为20人计算,将上述0.14%的比例上调20倍,家族信托能够服务的有效人群仍不足总人口的2.8%。换言之,即使符合"37号文"的目标客户全部设立家族信托,全国每100个人中只有不到3个人能够享受到家族信托服务。以截至2020年6月底我国家族信托存量规模1863亿元的数据计算,即使假设家族信托客户都以 1000 万元最低起点来设立家族信托，1863 亿元的规模对应的客户人群也仅仅为 18630 人，不到 2 万人。以每个客户的家族人数为 20 人计算，目前已享受到家族信托服务的总人数为 372600 人，不足 40 万人，占全国人口总数的比例不到 0.03%，即现在每 1 万人中，只有不到 3 个人享受到了家族信托服务。因此，我国信托业的从业者和研究者有必要秉持更为开放的态度，不以家族信托既有业务模式为限，去尽力尝试探索服务信托在家事领域更多可能的适用空间，使服务信托在家事领域得到进一步普及，让更多的人群能够享受到信托服务。那么，家事信托与家族信托有哪些区别呢？

在此背景下，本书提出家事服务信托的概念，将服务信托在家事领域的业务实践统称为家事服务信托。家事信托与家族信托的区别有：

第一，目标客户范围不同。家族信托的目标客户局限于超高净值人群。家事服务信托的目标客户范围更广，既包括超高净值人群，也包括普通民众。只要在家事领域有信托服务需求的客户，都可以成为家事服务信托的目标客户。因此，家族信托可以被视为家事服务信托的一种子类别。

第二，设立标准不同。我国家族信托的设立标准是家族信托财产金额或价值不低于 1000 万元。而家事服务信托的设立对家族信托财产金额或价值并无要求。只要委托人在家事领域有实际的信托架构需求，就可以设立家事服务信托。

　　第三,信托公司担任角色的多样性不同。在家族信托业务模式下,信托公司主要担任家族信托的受托人的角色。在家事服务信托模式下,信托公司能够担任的角色更多样化,既可以担任受托人角色,也可以单纯担任家事服务信托框架的设计者、家事服务信托专业顾问、家事服务信托培训专家等。在委托人不选择将信托公司作为家事服务信托受托人的情况下,信托公司还可以担任家事服务信托的监察人、保护人等角色。

　　第四,信托存续时间要求不同。在实践中,我国家族信托的存续时间一般不低于 10 年。出于财富代际传承的考虑,设为永续型的家族信托也较为常见。家事服务信托则无最低存续时间要求。出于委托人在家事领域不同的目的,家事服务信托可以设置为永续型,也可以设置为较短时长型,甚至可以根据特殊的信托目的,不设置固定期限,只设置信托终止条件,待条件触发时家事服务信托自动终止。

　　第五,功能多样性不同。我国家族信托的核心功能倾向于财富的代际传承。以此功能为中心,家族信托还具备多种风险隔离、财富保值增值、税务筹划等辅助功能。上述辅助功能的最终目的仍然是确保家族财富的有效代际传承。家事服务信托的功能更为广泛。家事服务信托能够实现家族信托的全部功能,并且在与财富传承无关的方面也能够发挥重要作用。家事领域的难题之一在于如何有效预防和解决家事纠纷,这是家事服务信托能够发挥特别作用之处。

通过以上对比分析，本书大体勾勒出家事服务信托相比于家族信托有哪些不同之处。本书将进一步论证，家事服务信托在我国家事领域可以具体发挥出哪些重要作用，可惠及人群范围的广泛性如何，以及能够为信托公司的转型发展带来哪些新的亮点。截至目前，探讨如何通过家族信托来实现财富代际传承的文献已经较为丰富，无须赘言。本书将讨论重点放在被理论界和实务界所忽略的另一个重要问题上，即信托制度在预防和解决家事纠纷方面存在哪些适用空间。这是家事服务信托在家事领域发挥突出作用的重要前提。在此之前，本书先讨论我国信托公司在开展家事服务信托业务初期应做好哪些准备工作。

四、信托公司开展家事服务信托业务的相关准备工作

（一）在战略层面重视家事服务信托业务

近年来，越来越多的信托公司将服务信托作为战略转型重点方向。部分信托公司甚至将家族信托业务作为战略转型的重中之重。本书认为，家事服务信托的适用范围和成长空间比家族信托更具优势，信托公司有必要在既有家族信托业务的基础上，在

战略层面更加重视家事服务信托业务的开展。

在服务信托的多个领域,信托公司都面临着激烈的市场竞争,不仅有来自信托业内部的竞争,更有来自信托公司以外的金融机构的竞争。例如,证券投资服务信托业务面临着银行托管服务和券商 PB 服务的多方竞争,仍处于夹缝中求生存的阶段。在年金/养老金市场中,银行与保险公司仍占据支配地位,留给信托公司的空间有限。在资产证券化业务的信贷 ABS、企业 ABS 和 ABN 三类主流业务里,信托公司只在信贷 ABS 领域有所发力,且占比不高。在近期成为资产证券化热点的基础设施类 REITs 领域,证监会与发改委联合发布的《关于推进基础设施领域不动产投资信托基金(REITs)试点相关工作的通知》却又刻意将信托公司排除在外。因此,信托公司能否在资产证券化领域有实质性突破仍存在不确定性。

目前,信托公司在服务信托领域唯一存在优势的只有家族信托业务。而家族信托业务又受到 1000 万元规模起点的制约,潜在客户范围有限。家事服务信托将家族信托的适用范围进行扩大,在家事领域有着更为广阔的应用场景,且该市场目前仍处于蓝海阶段,竞争程度较弱。基于此,从长远来看,各信托公司有必要在战略层面充分重视家事服务信托业务,并向该项业务倾斜各项资源予以培育。

(二)加强家事服务信托业务研发投入和人才培养

任何一项新的业务,研发先行的路径都是必不可少的。信托公司有必要将研发资源向家事服务信托倾斜,持续投入人力和经费将家事服务信托涉及的业务逻辑、发展趋势、市场动态、潜在功能、产品条线、盈利模式、合作方式、拓客渠道、潜在难题和解决方案等进行系统调查研究和分析。在此基础上,信托公司开展家事服务信托业务能够更为顺畅,更具可持续性。

此外,对家事服务信托业务相关的人才培养和引进也极为关键。信托公司可在家族信托业务部门已有人才的基础上进一步培养和引进具备家事服务信托综合专业素质的优秀人才,使家族信托团队扩展为更为全面的家事服务信托团队。与此同时,信托公司中台风控合规审批部门和后台支持部门也应配备具有家事服务信托专业知识的工作人员,以便为信托公司开展家事服务信托业务提供坚实的中后台审批运营管理基础。

(三)加强家事服务信托信息系统建设

近年来,已有部分信托公司加强了家族信托领域的信息系统建设。对于准备大力开展家事服务信托业务的信托公司而言,可以将已有的家族信托信息系统进行升级和改造,使相关系统的适用范围更广,更能为家事服务信托复杂多样的业务类型提供有效支持。

与家族信托业务相比,家事服务信托的适用范围更广,因此可以预见的是,其业务数量也必将大幅上涨。如果信托公司在短期内无法大规模扩充家事服务信托业务团队人员,则更有必要尽快推动家事服务信托信息系统建设,打造高效率的科技支撑体系。对于近年来在金融科技领域日渐成熟的人工智能、区块链、云计算、大数据等新型技术,也可考虑引入家事服务信托的信息系统中,为家事服务信托客户提供更为全面的专业服务。

(四)制定合理的家事服务信托收费机制

由于家事服务信托与传统信托理财产品具有显著的不同,信托公司难以将传统信托理财产品的标准化收费机制直接复制到家事服务信托领域。为使家事服务信托真正成为信托公司转型发展的一种可行商业模式,有必要针对家事服务信托的业务特征制定一套合理的收费机制。信托公司应该在准确估算家事服务信托服务各类成本的基础上,针对不同家事服务信托子业务类型分别定价。信托公司可采取基础费率及附加费率的灵活组合模式,并根据市场竞争环境及时调整家事服务信托收费策略。

（五）加强相关宣传普及工作并打造家事服务信托生态圈

目前，服务信托在我国家事领域的应用还处于起步阶段。广大人民群众对家事服务信托的特色功能还不完全了解。在此阶段，信托公司有必要加强宣传力度，促进家事服务信托理念在民间的流传和推广。

信托公司还应加强与家事领域其他重要机构之间的交流与合作，共同推动家事服务信托业务发展。信托公司可以联合律师事务所、法院、人民调解机构、公证处、民政部门等在家事服务领域具备宝贵经验和资源的机构共同打造家事服务信托生态圈，为有相关家事服务需求的当事人提供高质量的服务。

第二章

家事服务信托在家事
领域的重要作用

一、家事领域的核心难点

(一)概述

本书认为,家事领域的核心难点之一在于如何有效预防和解决家事纠纷。正所谓家和万事兴,家庭和睦是家庭成员健康成长和发展的基础,是整个社会和谐的基础。家事纠纷是我们最熟悉的纠纷类型。有人的地方就有江湖,有家的地方就有家事纠纷。中国文化中有很多成语或习语均与家事纠纷有关,如"清官难断家务事""家家有本难念的经""家不是讲理的地方""家和万事兴"
"血浓于水"等。托尔斯泰的那句"幸福的家庭都是相似的,不幸
的家庭各有各的不幸"在中国也广为人知。

从家事纠纷的字面意义上可以看出,这类纠纷是围绕着"家"
这个概念展开的。关于家的内涵,在学者的论述中亦有多种维度
的解读(例如,史尚宽先生认为家的含义主要有四种:一是指为人
之居,二是指室内,三是指男女的居室,四是指父子兄弟夫妇等亲
属共同生活团体①),我国台湾地区的"民法"对家的定义也进行
了明确的规定,②家对每个人的重要程度毋庸置疑。例如,白凯
和符国群指出:家是人类社会最基本、最普遍、最具韧性和影响最
为深远的社会团体。家不仅满足了个体的很多基本需求,更是个
体成长历程中最为重要的教育和社会化场所。人类一方面在家
庭生活中塑造自身的价值观、人格,培养生活技能;另一方面在家
庭生活中传承文化、习俗和社会规范。③

我们作为各自家庭的一分子,每个人在成长的过程中都经历
过或见证过家事纠纷,也解决过无数家事纠纷。所谓"父子没有
隔夜仇""夫妻床头吵架床尾和",都是形容家庭成员之间的纠纷

---

① 史尚宽:《亲属法论》,中国政法大学出版社 2000 年版,第 785—786 页。
② 我国台湾地区"民法"第 1122 条规定:称家者,谓以永久共同生活为目的而
同居之亲属团体。
③ 白凯、符国群:《"家"的观念:概念、视角与分析维度》,《思想战线》2013 年第
1 期,第 46 页。

一般很快就可以化解，既然是一家人，就没有什么解决不了的问题。因此，在很多人的印象中，家事纠纷比起陌生人之间发生的纠纷，往往更容易解决。但是，我们在各种媒体报道中也见过太多因为家事纠纷而导致亲属关系分崩离析、四分五裂的情形，有些甚至给纠纷当事人带来终身难以弥合的心灵伤痛。在这些情况下，家事纠纷相比于普通纠纷，又似乎更不容易解决。

(二)普通民事纠纷和家事纠纷的区别

为了回答为何家事纠纷会存在上述多面性和矛盾面，需要先从普通民事纠纷和家事纠纷的对比入手。本书对普通民事纠纷和家事纠纷的区分标准是纠纷主体之间是否具有亲属关系。普通民事纠纷主要发生在陌生人之间或熟人(但非亲属)之间，家事纠纷主要发生在亲属和家人之间。从基本特征上看，陌生人之间的普通民事纠纷和家事纠纷的区别最为明显，就像一条线段的两端；而熟人(但非亲属)之间的普通民事纠纷则犹如居于线段的中间，处在一个相对模糊和过渡的地带。熟人(但非亲属)之间的交往也具有重复性，不像陌生人之间的交往具有偶然性和一次性。熟人之间的关系虽然在重复性上具有与家事纠纷相类似的特征，但与亲属之间的关系还是有着根本的区别，一个人可以选择自己的熟人朋友的具体人选，合则聚，不合则散，但除了可以选择婚姻伴侣这一种特例之外,一个人却很难选择他的亲属人选(特别是血亲)。

发生在陌生人之间的普通民事纠纷,最典型的特征就是纠纷的发生具有偶然性,发生的频率具有一次性,纠纷当事人对纠纷解决的结果具有很高的公平性追求。与此相对应的制度需求也必然要回应上述公平性目标。通过法院适用法律的方式来解决纠纷的机制,其追求的重要目标正是公平性。在西方文化中,正义与法律女神朱斯提提亚的雕塑往往是以蒙着眼睛手持天平的形象出现的。在我国,法官身着的法袍在左胸前绣着一枚红色的天平法徽,也彰显着法官对公平的追求。

因此,陌生人之间的普通民事纠纷,如果无法在纠纷当事人之间达成私人和解,其首要的制度需求就是通过民事法律制度来解决纠纷。但在家事纠纷领域,公平性则未必很重要,"家不是讲理的地方"这句民间常见的俗语就是典型的表现。造成这一局面与家事纠纷所具有的独特性紧密相关。

本书认为,家事纠纷中涉及的情感因素非常显著。家事纠纷有时候更容易解决,是因为"情";家事纠纷有时候又更不容易解决,还是因为"情"。所谓"情",可以理解为亲情、情感、感情。普通陌生人之间的纠纷,没有亲情的因素,因此不太掺杂情感和感情在其中。但家事纠纷则从产生到解决都处处蕴含着亲情、情感和感情的因素。由于纠纷当事人之间存在着亲情,因此更容易相互包容、相互体谅、相互退让,因此为了不伤害家人和亲属之间的感情,很多家事纠纷都大事化小、小事化了,用亲情将家事纠纷化解了。

但如果某个家事纠纷过于严重,伤害到了家人和亲属之间的"情",则本来应该用来修复家事纠纷的"情",就转变成了使家事纠纷之火继续升级的"油",家事纠纷呈现出火上浇油、愈演愈烈的趋势,这样一来,家事纠纷往往非常难以化解。例如,武汉市硚口区家事法庭庭长沈慧法官就曾针对家事纠纷案件坦言:"家事纠纷不像其他案件可以按标准量化情节,有更多的人情,处理不好,案结了,情没了,事未了。"[①]

在中国文化中,"情"有着非常特殊的地位。韦政通研究指出:"以家族为中心的'伦理',特别重视的是'情',情是维系伦理关系的核心,如俗语'家和万事兴''和生于情''清官难断家务事''在家庭范围之内用讲理的方式是不适宜的',又如'父为子隐,子为父隐',这里的隐,是为了保护父子之情。在中国文化里,情与理不但非对立,而且理就在情中。说某人不近情,就是不通理,不通情又远比不通理更为严重。儒家坚持爱由亲始的等差之爱,就是因为这种爱最近情。人与人之间,若能'动之以情',就可以无往而不胜,若坚欲'说之以理',那就是自己找麻烦。这种情形在我们的社会里仍很普遍。到现在仍可以常听到'国法不外乎人

---

① 汤炜玮、陈群安、关国祥:《家事纠纷温情化解——走进硚口区家事法庭》,《湖北日报》2013 年 4 月 22 日第 6 版。

情’。这样特别重情的伦理，如果不是长期生活在狭小而孤立的环境里，是产生不出来的。"①由于"情"的复杂性和难以描述性，"情"在一定程度上构成了遮挡我们准确认识和理解家事纠纷的一道屏障。但如果我们对家事纠纷中的情感因素予以充分重视、体谅和理解，"情"也同样能够作为我们打开家事纠纷大门的一把钥匙，分析家事纠纷的预防和解决，无论如何也绕不开"情"字。

在社会学的研究视角下，社会群体可以被进一步细分为不同的子类型。美国社会学家库利曾将社会群体划分为"初级群体"和"次级群体"两种类型。初级群体是指人们通过直接的社会联系而结成的群体，其成员交往频率高，相互关系具有直接性。次级群体是人们通过间接的社会联系而结成的群体，其成员很少甚至没有直接交往，相互关系具有匿名性。②陈爱武受上述区分启发，将该区分引入对家事纠纷与普通纠纷的讨论中，并揭示出家事纠纷所具有的若干特征。在陈爱武看来，家事纠纷具有"非理性""容忍性""回避性""少诉讼性""易于和好性"等特征。③

---

① 韦政通：《伦理思想的突破》，四川人民出版社 1988 年版，第 9 页。转引自翟学伟：《人情、面子与权力的再生产》，北京大学出版社 2013 年版，第 160 页。

② 韦克难主编：《社会学通论》，高等教育出版社 2017 年版，第 77 页。

③ 陈爱武：《情理与互让：家事调解的技术构造解读》，《社会科学辑刊》2013 年第 2 期，第 38 页。

(三)心理文化学视角的启发

值得关注的是,心理文化学[①]的研究成果为我们理解和处理家事纠纷提供了更为系统化的视角和线索。心理文化学的理论基础来源于美籍华人许烺光教授的开创性研究,在其提出的人类社会心理均衡模型中,将文化由内而外划分了 8 个层次。许烺光认为,最外部的第 0 层是指外部世界,第 1 层是原理的社会关系与文化,第 2 层是作用的社会与文化,第 3 层是亲密的社会关系与文化,第 4 层是可表意识,第 5 层是限表意识,第 6 层是前意识,第 7 层是无意识。[②] 由此可见,第 7 层至第 4 层与人的内心维度有关,第 3 层至第 0 层与人和外部世界的关系有关。8 个层次可以用图 2-1 的不规则同心圆予以表示。

在社会心理均衡模型体系中,不同文化的表现形式各有不同。[③] 与其他文化相比,中国文化中的第 3 层异常重要。第 3 层是亲密的社会关系与文化,这一层恰恰与本书所探讨的家事关系

---

①　尚会鹏:《心理文化学要义——大规模文明社会比较研究的理论与方法》,北京大学出版社 2013 年版,第 1 页;尚会鹏、游国龙:《心理文化学:许烺光学说的研究与应用》,南天书局 2010 年版,第 7—25 页。

②　许烺光:《彻底个人主义的省思——心理人类学论文集》,南天书局 2002 年版,第 244 页。

③　不同文化所对应的不同社会心理均衡模型图详见尚会鹏:《心理文化学要义——大规模文明社会比较研究的理论与方法》,北京大学出版社 2013 年版,第 298 页。

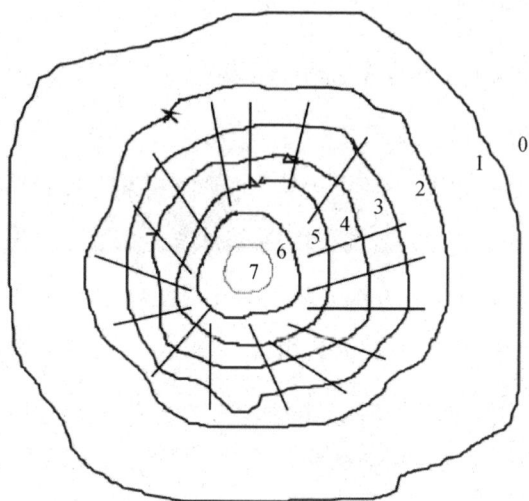

图 2-1 社会心理均衡模型①

有着紧密联系。根据尚会鹏教授的研究,在中国人构成的体系中,第 3 层的亲属关系具有"至高无上"的地位,一个人与其第 3 层中的其他亲属"频频交往,相互依赖,关系密切,吸引了个人的大部分注意力",个体几乎不用动用其第 3 层以外的其他层的内容就可以获得心理社会均衡。②

尚会鹏教授以许烺光教授的研究为基础,认为中国人(在心

---

① 尚会鹏:《许烺光的"心理—社会均衡"理论及其中国文化背景》,载于《国际政治研究》2006 年第 4 期,第 131 页。

② 尚会鹏:《心理文化学要义——大规模文明社会比较研究的理论与方法》,北京大学出版社 2013 年版,第 72 页。

理文化学语境中被称为"伦人"①)的人际关系模型可以通过图
2-2的三个重合的同心圆来表示。

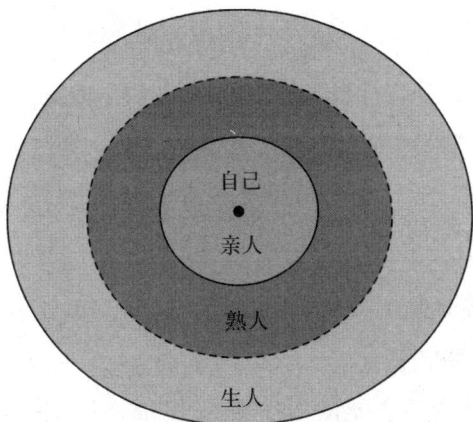

图 2-2 中国人际关系模型②

尚会鹏教授提出了"亲情规则""人情规则""公平规则"③来
分别对应图 2-2 中的三个圈子。由此可见,当中国人的"亲人圈"
不发生纠纷时,亲人间的关系恒定而密切,大家不分你我、相互信
赖、相互依赖,安全感高,相互交往适用"亲情规则",一切都保持
着和谐稳定的状态。但是,如果在"亲人圈"内发生了重大纠纷,
处理起来则较为麻烦。由于亲属之间此前一直保持着不分你我

①　尚会鹏:《心理文化学要义——大规模文明社会比较研究的理论与方法》,北
京大学出版社 2013 年版,第 60—64 页。
②　尚会鹏:《"伦人"与"服国"——从"基本人际状态"的视角解读中国的国家形
式》,载于《国际政治研究》2008 年第 4 期,第 132 页。
③　同③。

的状态,发生重大纠纷就意味着要分出个你我来,把纠纷事项分析清楚,划定界限,定纷止争。但这样的结果通常难以达到。在发生家事纠纷时,劝说者常对纠纷各方讲的一句话就是"家不是讲理的地方"。这句稍显蛮不讲理,却又让人无可奈何的话,在一定程度上反映出在家事纠纷中想通过"讲理"而解决争议的路径基本不太可能。如果非要在家事纠纷中讲一个"理",这个"理"也不是陌生人社会的那种"公平"的"理",而是一种伦理意义上的"理",如中国传统文化中的"父慈子孝,兄友弟恭"以及"忠、孝、敬、悌、信"等道德标准。

心理文化学还从集团维度、交换维度、情感维度和自我认知维度这四个维度进一步区分了中国人与其他类型的人的不同特质。[①] 在交换维度方面,中国人的交换模式属于"信用借贷型"交换。[②] 在该模式下,虽然在交换的初期,参与交换的各方当事人并未抱有从其中得到益处的需求,但随着时间的推移,参与交换的当事人一般会产生预期,即相信交换对方在与自己交换后,特别是得到了自己付出的善意或好意之后,会在远期做出相应的回报或者报答。交换价值不一定相等,交换过程一般也不是同时完

[①] 尚会鹏:《"基本人际状态"的类型、维度与"心理—社会均衡"(PSH)的动力学关系——对许氏理论的若干阐释和补充》,《国际政治研究》2007 年第 3 期,第 84—100 页。

[②] 尚会鹏:《心理文化学要义——大规模文明社会比较研究的理论与方法》,北京大学出版社 2013 年版,第 171 页。

成而是有一个持续过程,交换者之间的关系并不因交换过程的完结而完结。交换行为附带情感,交换过程中发生了价值转换。[①] 简言之,中国人的交换模式具有"非同时性""宜增量还报""非等价性""非限定性"等特征。

以上述心理文化学的研究成果为基础,本书认为,中国人在交换维度的上述特征导致了家事纠纷比普通民事纠纷要复杂得多。普通民事纠纷无须考察纠纷当事人之间此前发生过的大量交换情况(可能此前当事人之间并无交集),但家事纠纷在处理时则无法忽略纠纷当事人之间已经发生过的各种交换事实,如此才能综合判断如何对家事纠纷进行化解。换言之,在解决家事纠纷时并不单是解决一项孤立的纠纷,而是在众多非同时性且附带感情的交换行为集合中寻找最佳平衡点。

上述客观情况意味着,预防和解决中国家事纠纷所需要的制度供给和工具与普通的民事纠纷相比具有重大区别。在预防与解决家事纠纷时,其所需要的制度和工具应该能够将家事关系的整体复杂性纳入考量范围内,且不仅有能力预防和解决单一的家事纠纷,而是有能力为家事纠纷在整体上的预防和化解提供系统性的方案。家事纠纷领域所需要的制度供给应该能够具有较强的"黏合"和"修复"作用,手术刀式的"定纷""止争""析产"工具对

---

　　① 尚会鹏:《心理文化学要义——大规模文明社会比较研究的理论与方法》,北京大学出版社 2013 年版,第 163 页。

于家事纠纷的预防和解决很有可能适得其反,不但无法有效预防和解决家事纠纷,反而会进一步破坏家事关系,导致心理社会均衡模型中第3层的彻底割裂,进而使中国人的心理社会状态由均衡变为失衡,最终导致更为严重的社会后果。例如,2016年2月和2017年1月先后发生两起法官遇害事件,这两起恶性案件的杀人动机均缘于被害法官此前审理的家事纠纷案件。①

通过上述不同视角的介绍和分析,可以发现中国家事纠纷所具备的主要特征包括:第一,在家事纠纷中,情感性因素较为明显;第二,家事纠纷的解决过程存在由内而外的特征;第三,家事纠纷具有非独立性,前因后果较为复杂;第四,中国的家事纠纷如果未能妥善处理,对纠纷当事人影响巨大(心理社会均衡模型中的第3层遭到破坏,导致失衡);第五,公平性未必是解决家事纠纷所追求的首要目标;第六,家事纠纷解决方案的非量化性。以此为基础,预防和解决家事纠纷所需要的制度工具也较为特殊,在普通民事纠纷的预防和解决领域扮演重要角色的法律制度和工具,未必能充分满足中国人预防和解决家事纠纷的复杂需求。

---

① 2016年2月,北京市昌平区人民法院一名法官遭枪击致死,法官的配偶被枪击伤,行凶歹徒是该法官此前审理的一起离婚后财产纠纷案件的当事人。对于该案的详细报道,详见网址:https://news.qq.com/a/20160228/017991.htm? tu_type=21&tp=1。最后访问时间:2017年11月4日。另外,2017年1月,广西壮族自治区陆川县人民法院的一位退休法官被歹徒持刀杀害,凶手是该法官于1994年审理的一起离婚案的当事人,因对该法官怀恨在心而产生报复念头。对于该案的详细报道,详见网址:http://gx.people.com.cn/n2/2017/0206/ c179430-29672426.html。最后访问时间:2017年11月4日。

我国的法院系统也同样意识到家事纠纷的特殊性,近年来也尝试推行一系列家事审判改革工作,本书将在下一章进行详细分析。

二、现有家事纠纷化解机制的不足

(一)清官难断家务事

一般而言,当亲属圈内部出现纠纷,亲属圈自身通过"亲情规则"就可以妥善解决,无须亲属圈之外的力量强加干涉。但是,总有一部分家事纠纷无法从内部解决。当一起家事纠纷无法在家庭内部化解时,就只能引入外部第三方来协助解决纠纷。在引入外部第三方时,便涉及制度供给问题。中国家事纠纷预防与解决事宜的制度供给端主要涉及两个维度,一个是程序的维度,另一个是实体规则的维度。从程序的维度看,家事纠纷的预防与解决可以选用的程序又分为正式程序和非正式程序。从实体规则的维度看,家事纠纷的预防与解决可能会涉及诸多民法规范。一些民法规范的适用范围较广,可以适用于家事纠纷和一般民事纠纷,另一些民法规范的适用范围则主要集中于家事领域。本书认为,纠纷的预防和解决程序与实体规则应该有机结合,而不是各自孤立,必须同时发挥作用才行。目前,我国的理论和实务界对程序的维度较为重视,能够一定程度上满足家事纠纷的特殊需求,但在实体规则方面,还有进一步提升的空间。

正所谓"清官难断家务事",但清官为何难断家务事?原因可能在于,"家务事"本来就不是应该由"官"来"断"的。换言之,家事纠纷较为理想的解决方式并非诉讼。诉讼在本质上也不是为了解决家事纠纷而存在的。

诉讼追求程序的公正,对证据有着严格的要求,法官以证据为基础来裁判案件。但家事纠纷往往在证据方面是缺失的。亲属之间在交往时很可能不注重保存证据。若一方刻意保存证据,倒有可能被视为是对亲属关系的"亵渎"。同时,诉讼也追求结果的公平,但在家庭亲属之间,"公平"很有可能并不是各方在交往时的首要原则,因为有感情的因素在其中,大家更讲究"情",而不是"公平",甚至有时候亲属间在交往时的"不公平",恰恰是"情"的体现,是当事人想要达到的结果。

中国传统文化一直奉行"无讼"的观念。[1] 在《论语·颜渊》中,孔子曰:"听讼,吾犹人也,必也使无讼乎。"清末以来,随着西法东渐,通过诉讼的方式解决争议逐渐被中国人所接受。但是,在家事纠纷领域,诉讼仍旧不是较为常见的争议解决方式。"家

---

[1] 梁治平:《寻求自然秩序中的和谐》,中国政法大学出版社2002年版,第199—229页。

丑不可外扬"的观点在中国人观念中仍占有一席之地。若某户人家因家事争议闹上法庭，该户人家可能会被别人"笑话""瞧不起"，原因在于家庭不和睦的状态是不被社会所认可的，"家和万事兴"才是大多数家庭的行为准则。

如果一起家事纠纷可以在家庭内部通过"亲情规则"化解，对于纠纷当事人来说是比较理想的状态，纠纷在家庭内部自生自灭，此类纠纷在很大程度上无须国家和法律的特别关注。当一起家事纠纷无法在家庭内部化解时，不论是纠纷当事人，还是审理家事纠纷案件的法官，都将面临较为棘手的局面。

第一，法官应当依据何种规则来判断家事纠纷的是非对错较难把握。家事纠纷带有明显"公说公有理，婆说婆有理"的特征，并且法官确定"理"的过程变得很纠结。当法官审理一般纠纷时，直接选取"法律"这种"理"就可以顺利确定纠纷各方的法律关系，做出公平的裁判。但"法律"这种在生人圈可以广泛适用的"理"，在亲人圈却未必适用。甚至亲人圈适用"亲情规则"与生人圈适用的"公平规则"（即"法律"）存在着直接的对立关系，二者并不相容。

第二，法官未必全面知晓家事纠纷的真正原因，存在信息不对称问题，可能只有家事纠纷的当事人才了解家事纠纷的真正问题点在哪里。鉴于家事纠纷的私密性特征，即使纠纷当事人将纠纷诉至法院，纠纷当事人也未必会将与纠纷有关的全部信息都告知法官，"家丑不可外扬"的观念在一定程度上是立在纠纷当事人和法官之间的一道无形的墙。

第三,亲属之间所具有的不分彼此、相互依赖和高度的安全感的特征在诉讼过程中也造成了证据认定方面的困难。通过法律解决纠纷的一个基本特征就是"谁主张、谁举证",如果负有举证责任的一方未能提交有效证据,将面临败诉的风险。但亲属之间在日常交往中并不会特别注意证据的保存,甚至刻意保留证据的行为会被亲属所不齿。例如,当亲属之间发生借贷关系,不写书面借条的情况较为常见,写下书面借条反而会影响到亲属之间的关系,因为大家是"不分彼此"的;在赡养老人方面,如果老人有多个子女,可能其中一个子女对老人尽了更多的赡养义务,但老人去世后,在因遗产分割争议诉至法院时,上述承担更多赡养义务的子女可能根本无法向法院提交任何证据来证明自己承担了更多赡养义务。在此背景下,如果法院机械地按照证据规则来裁判家事纠纷,很可能会激起败诉方的强烈不满,家事纠纷不但没有被解决,反而进一步被激化。

(二)本轮家事审判改革的成就与不足

针对我国家事纠纷领域的复杂局面,最高人民法院自 2016 年下半年开始推动家事审判方式和工作机制改革试点工作,出台《关于开展家事审判方式和工作机制改革试点工作的意见》(法

〔2016〕128号）（以下简称"128号文"）和《关于在部分法院开展家事审判方式和工作机制改革试点工作的通知》（法〔2016〕129号）（以下简称"129号文"），鼓励遍布在全国各省市的100余个基层和中级人民法院开展从工作理念到工作机制的多种家事审判改革尝试。

"128号文"在工作理念上强调"发挥家事审判的诊断、修复、治疗作用"，在工作机制上提出"引入家事调查员、社工陪护及儿童心理专家""建设家事调解室、心理评估室、单面镜调查室等设施""探索家事纠纷的专业化、社会化和人性化解决方式"等新举措。

2017年7月，最高人民法院还作为牵头单位，联合中央综治办等10余个部门，共同推动建立家事审判方式和工作机制改革联席会议制度，出台《最高人民法院、中央综治办、最高人民检察院等关于建立家事审判方式和工作机制改革联席会议制度的意见》（法〔2017〕18号），旨在加强对家事审判方式和工作机制改革的组织领导和统筹协调，强化部门间协作配合，及时研究解决工作中面临的重大问题。值得关注的是，该联席会议的重要职能之一是"探索家事审判程序改革，向全国人大提出家事特别程序立法建议"，这意味着随着本轮家事审判改革的深入，司法层面的改革将有可能上升到立法层面，并最终出台专门的家事特别程序法。

在两年的试点期结束后，最高人民法院在总结试点工作相关经验的基础上,于 2018 年 8 月出台《关于进一步深化家事审判方式和工作机制改革的意见》(法发〔2018〕12 号)(以下简称"12 号文"),旨在将家事审判改革向深水区推进。该意见对家事调解、家事调查、心理疏导、审理规程、队伍建设等方面提出了更为细致的要求。

与此同时,我国学界针对家事审判改革也提出了诸多建议。有论者指出,我国家事审判方式改革应该尝试的主要方向之一是构建家事法院并选任掌握专业知识与丰富经验的家事法官。[1]有论者认为化解家事纠纷时,应当注重将个体置于整个家庭的大背景中,寻找非司法路径的解决方案。[2] 还有论者提出我国应该建立独立的家事诉讼程序,甚至撰写了《〈中华人民共和国家事诉讼法〉建议稿及立法理由书》。[3] 在诉讼证据规则方面,有论者认为应该针对家事诉讼的特征重构家事诉讼证据规则。[4] 此外,亦有论者提议采取更加具体的制度,如离婚冷静期制度、离婚财产

[1] 赵秀举:《家事审判方式改革的方向与路径》,《当代法学》2017 年第 4 期,第 133—135 页。

[2] 许尚豪:《让个体回归家庭——家事程序的非司法路径研究》,《政治与法律》2018 年第 11 期,第 12—19 页。

[3] 刘敏、陈爱武:《〈中华人民共和国家事诉讼法〉建议稿及立法理由书》,法律出版社 2013 年版。

[4] 张海燕:《家事诉讼证据规则的反思与重构》,《政治与法律》2018 年第 11 期,第 2—11 页。

申报制度、家事调查员制度等。① 还有论者在比较法的视角下分别从英国②、德国③、美国④、澳大利亚⑤等国家和我国台湾地区⑥的家事审判制度及实践中寻找改革灵感。上述比较研究的结论均提出,我国应考虑建立家事诉讼特别程序并设立专门的家事审判组织。

综上,与本轮家事审判改革相关的政策制度、具体审判实践及相关学界建议均围绕推动家事诉讼程序独立于普通民事诉讼程序的方向展开。家事诉讼程序以追求"柔性化"为典型特征,不论是对调解手段的强调,还是引入家事调查员、社工陪护及儿童心理专家等专业人士,以及设立家事调解室、心理评估室、单面镜调查室等,均旨在让家事纠纷当事人尽可能处于柔性化的程序之中,从而降低家事纠纷的对抗性。但是,本书认为,家事纠纷领域仅仅实现程序上的柔性化趋势并不完善,

① 李鹤贤、刘志强:《完善家事审判工作的三个关键制度》,《人民司法》2016年第34期,第20—24页。
② 陈莉、向前:《英国家事审判制度及其启示》,《法律适用》2016年第11期,第116—121页。
③ 杨临萍、龙飞:《德国家事审判改革及其对我国的启示》,《法律适用》2016年第4期,第56—62页。
④ 齐玎:《论家事审判体制的专业化及其改革路径——以美国纽约州家事法院为参照》,《河南财经政法大学学报》2016年第4期,第90—97页。
⑤ 陈苇、曹贤信:《澳大利亚家事纠纷解决机制的新发展及其启示》,《河北法学》2011年第8期,第39—45页。
⑥ 蒋月、冯源:《台湾家事审判制度的改革及其启示——以"家事事件法"为中心》,《厦门大学学报(哲学社会科学版)》2014年第5期,第87—95页。

单凭柔性程序尚无法从根本上解决家事纠纷难题。特别是财产性家事纠纷，不论纠纷解决程序如何柔性化，一旦纠纷当事人在柔性程序中无法达成共识，有关裁判主体仍要以实体规则的引入作为终极解决工具。

适用于家事纠纷的柔性程序规则较为重视家事调解、家事调查以及心理疏导等措施的重要作用，此类柔性程序工具针对人身性家事纠纷能够起到的作用较为明显，但对财产性家事纠纷所能起到的效果有限。本书将针对不同的柔性程序工具分别展开分析。

第一，关于家事调解。最高人民法院在本轮家事改革中极其重视家庭调解，这一点在出台的相关文件中可以得到体现。例如，"128号文"中鼓励有条件的法院建设家事调解室。"12号文"中有一章的内容专门规范家事调解问题，其中要求"人民法院审理家事案件，应当增强调解意识，拓展调解方式，创新调解机制，提高调解能力，将调解贯穿案件审判全过程"。

因此，家事纠纷案件被家事审判改革试点法院审理，则主审法官必然会首先使用相对柔性化的家事调解作为工具来尝试化解家事纠纷中的相关矛盾。作为一种典型的柔性程序，法官在调解时无须援引相关法律对案件进行裁决，更容易发挥主观能动性，尽可能缓解家事纠纷中的紧张关系，解决家庭矛盾。在此意义上，调解程序确实要比审判程序更适合化解家事纠纷。

但不应过分夸大调解程序的可能作用。调解作为一种柔性程序，极大地考验法官的调解智慧，若不能抽丝剥茧地分析家事案件的主要矛盾，尝试多种替代性解决方式，而是仅仅依靠"和稀泥"或"和事佬"的路径，显然无法真正解决家事纠纷。

第二，关于家事调查。家事调查机制正是本轮家事审判改革中较为创新的工作机制之一。"128号文"首先提出要探索引入家事调查员等多种方式提高家事审判的司法服务和保障水平。"12号文"中亦设专章规范家事调查制度，规定了家事调查员名册的建立和管理、家事调查员的选任、回避事项、调查事项、调查方式、禁止事项等。

家事调查机制旨在让法官在审理家事纠纷案件时能够高效地掌握更加全面的信息。但不容忽视的是，由于家庭关系的内在封闭性，很多与家事纠纷有关的事情均发生在家庭之内，除了家庭成员，外人根本无法知晓。对于家庭中是否存在家暴、虐待等恶性事件或家庭是否和睦、夫妻是否存在外遇等情况，家事调查员能够相对容易调查清楚。但是在家庭内部关于某些财产是如何进行使用和分配的，在缺少书面约定的情况下，一旦家庭成员之间的口供不一致，家事调查员则不容易调查清楚。在家事调查机制无法收集对案件审理有重要意义的证据的情况下，家事纠纷案件的主审法官亦很难超越现有的证据规则，在各方当事人证言矛盾的情况下认定某一方当事人所说为真，法官依旧只能根据谁主张、谁举证的基本证据规则，对案件进行裁判。

第三,关于心理疏导。值得指出的是,本轮家事审判改革较为重视社会科学在审理和化解家事纠纷方面所可能发挥出的重要作用。"128号文"中明确承认"家事案件的审理涉及心理学、社会学等多方面专业知识,需要相关专业领域人员的配合与协助",并希望"探索相关公益性服务机构及人员配合法院调查审理家事案件,及时为当事人提供心理疏导等相关专业服务",还计划在有条件的法院部署建设心理评估室等设施。"12号文"中甚至设专章规范心理疏导机制,但主要适用于以下五类情形:一是一方当事人同意离婚,对方当事人不同意离婚并且情绪激动的;二是探望权纠纷、监护权纠纷以及其他有关亲子关系纠纷的案件中,当事人情绪波动较大的;三是存在家庭暴力行为,对当事人身心健康造成较大影响的;四是案件所涉及的未成年人情绪波动较大或者有反常行为,需要心理疏导的;五是需要进行心理疏导的其他情形。

从上述几类适用情形可见,心理疏导机制对与离婚、探望权、监护权等人身争议相关的家事纠纷以及涉及家庭暴力和未成年人等的家事纠纷具有较为重要的意义。但对财产性家事纠纷是否能够产生有利影响,则存在不确定性。

三、化解家事纠纷的新方向：家事服务信托

（一）柔性实体规则在家事领域的缺失

本书提出 4 个相互对应的概念：一是刚性实体规则；二是刚性程序规则；三是柔性实体规则；四是柔性程序规则。上述 4 个概念分别从实体与程序、刚性与柔性两个维度对我国民事法律领域的各类规则予以区分。

在我国民事法律领域，对实体规则与程序规则的区分较为常见。一般认为实体规则是以规定和确认权利与义务为主的规则；程序规则是以保证权利和义务得以实现或有关职权职责得以履行的有关程序为主的规则。《中华人民共和国民法典》中的规则以实体规则为主，而《中华人民共和国民事诉讼法》中的规则以程序规则为主。

除了实体规则和程序规则的二分外，本书认为在家事纠纷领域亦有必要对刚性规则和柔性规则进行区分。刚性规则是指具有对抗性、零和性、非黑即白、非赢即输等特征的规则。柔性规则是指具有非对抗性、非零和性、旨在让初始当事人各方共赢等特

征的规则。

以上述分类标准为基础,刚性实体规则是指那些在以规定和确认权利与义务为主的规则中具有对抗性、零和性、非黑即白、非赢即输等特征的规则;刚性程序规则是指那些在以保证权利和义务得以实现或有关职权职责得以履行的有关程序为主的规则中具有对抗性、零和性、非黑即白、非赢即输等特征的规则;柔性实体规则是指那些在以规定和确认权利与义务为主的规则中具有非对抗性、非零和性、旨在初始当事人各方共赢等特征的规则;柔性程序规则是指那些在以保证权利和义务得以实现或有关职权职责得以履行的有关程序为主的规则中具有非对抗性、非零和性、旨在让初始当事人各方共赢等特征的规则。

上一章介绍了我国法院系统开展的本轮家事审判改革实践中具有明显的力推柔性程序规则的趋势。但是在财产性家事纠纷领域的实际效果并不是特别好。本书认为,柔性程序规则之所以无法完美地解决财产性家事纠纷,是因为缺少与之相配合的柔性实体规则。柔性程序规则可以创造出相对非对抗性的纠纷解决环境,但程序规则本身并无法直接平衡家事纠纷各主体之间的利益格局。一旦程序规则无法在实质上缓和相关纠纷,纠纷主体最终必然诉诸实体规则来解决纠纷。因此,程序规则的柔性化尚不足够,有必要与之匹配相应的柔性实体规则,在程序和实体规则两方面的柔性化下,方有更大的机会化解财产性家事纠纷。

但是,与刚性实体规则相比,柔性实体规则在我国民事法律中并不常见。我国民事法律领域中刚性实体规则的典型规范模式是,在争议各方就争议标的无法达成一致的情况下,法院按法定比例分割争议标。刚性实体规则具有典型的零和特征,即如果纠纷一方多获得一定的利益,则纠纷另一方亦将相应少获得一定的利益。

在家事领域,刚性实体规则相当常见。例如,《中华人民共和国民法典》第一千一百三十条第一款规定:"同一顺序继承人继承遗产的份额,一般应当均等。"该规范确定了法定继承领域遗产均等分配的刚性思路。尽管《中华人民共和国民法典》第一千一百三十条第一款至第四款对上述刚性规则进行了一定的柔性化处理,如"对生活有特殊困难的缺乏劳动能力的继承人,分配遗产时,应当予以照顾""对被继承人尽了主要扶养义务或者与被继承人共同生活的继承人,分配遗产时,可以多分""有扶养能力和有扶养条件的继承人,不尽扶养义务的,分配遗产时,应当不分或者少分"等规定。但此类柔性化规定仅仅针对特殊情况,并未从根本上动摇遗产均等分配的刚性规则。如果不存在特殊情形,法官在处理法定继承案件时,依然只能按照均等分配的刚性规则进行裁判。

另外,家事领域的一些规则尽管是以柔性化的方式进行表述,但本质上仍属于刚性实体规则。例如,《中华人民共和国民法典》第一千零八十七条第一款规定:"离婚时,夫妻的共同财产由双方协议处理;协议不成时,由人民法院根据财产的具体情况,照顾子女和女方权益的原则判决。"单从文义上看,法院在对夫妻离婚时共同财产的分割问题上有着较为充分的自由裁量权,可以根据具体情况做出不同的处理。但该规范的核心依据依然是夫妻共有财产制,即法官在离婚纠纷中处理夫妻共同财产分割事宜时,即使可以根据财产的具体情况,并且要照顾子女和女方权益,但底层分割逻辑仍然是夫妻各分配到大约50%的财产份额。

(二)信托机制作为理想的柔性实体规则

在家事领域,能否寻找到一种比传统的"析产"式刚性实体规则更为柔性化的实体规则用以预防和解决财产性家事纠纷呢?本书认为,信托机制是一种较为理想的柔性实体规则,家事服务信托能够在家事纠纷领域发挥重要作用。从信托的原理来看,信托机制以信托财产独立性为核心原则,[1][2][3]信托财产独立性又进一步带来了"所有权挂起"的效果,信托各方当事人最为关注的焦点不再是财产的所有权归属事宜,而是财产所能带来利益的分配事宜。这使得信托机制成为了家事领域中为数不多的具有柔性化特征的实体规则。将信托机制作为纠纷解决备选方案后,纠

---

[1] 周小明:《信托制度:法理与实务》,中国法制出版社2012年版,第75页。

[2] 张淳:《信托法哲学初论》,法律出版社2014年版,第53页。

[3] 浦坚等:《论信托》,中信出版社2014年版,第3—5页。

纷当事人之间无须再拘泥于特定财产所有权的分割与归属问题，纠纷当事人之间的零和状态有望变为正和状态，即一方获得利益并不以另一方出现损失为前提。此种非零和博弈在家事纠纷的化解中极为重要。如前所述，家事领域的情感性特征突出，在纠纷产生前，家庭成员之间处于不分你我的状态，因此，出现纠纷后，最好的路径是朝着此前不分你我的和谐状态恢复，而非在法律上对相关财产的归属予以明确。只要家庭成员之间的底层和谐仍然存在，信托架构下哪些家庭成员可以更多享受信托财产所能带来的利益，则并非家庭成员之间最为关注的问题，因为基于亲情因素在常态下家庭成员之间对于相关利益的分配本来就不是绝对公平的。

鉴于此，信托公司面向家事领域推出家事服务信托产品，有望解决我国家事领域的核心难点，弥补既有家事纠纷化解机制的不足，为预防和解决家事纠纷提供重要的制度工具，有力促进社会和谐发展。但是信托公司在设计家事服务信托产品体系时，仍有必要对不同的适用场景进行深入调查和分析，在此基础上推出符合人民群众实际需求的家事服务信托产品。

第三章

家事服务信托产品体系
设计及适用场景分析

一、信托公司家事服务信托产品体系设计

家事服务信托产品体系设计有两种完全不同的思路模式。第一种模式是设计一个综合性的,尽可能解决家事领域所有问题的家事服务信托产品。此前,信托公司在家族信托产品设计上,就是采用该种设计思路,试图以一种综合性的家族信托产品来满足高净值人群的各种需求。第二种模式是从家事领域具体的甚至单一的问题出发,设计能够满足特定需求的专项家事服务信托产品。

本书认为,信托公司在设计家事服务信托产品体系时,不能仅

仅采用第一种模式。特别是如果想让家事服务信托在我国家事领域尽可能广泛普及的话,第二种模式是必不可少的补充手段。信托公司可以综合采用上述两种设计思路,既提供一个综合性的全功能家事服务信托产品,又从家事不同子领域的具体问题出发,推出满足不同需求的各种专项家事服务信托产品。

在设计各类专项家事服务信托产品时,信托公司可以按照一个人在家事领域从出生到老去的人生旅途中可能遇到的各种家事问题和需求为产品设计导向,推出各类有针对性的家事服务信托产品。

最高人民法院颁布的《民事案件案由规定》系统梳理了民事纠纷领域的各种类型和主题。[①] 信托公司可以从中较为清晰地看到目前家事纠纷主要涉及哪些事项,并以此为基础有针对性地设计能够预防和解决相关家事纠纷的家事服务信托。

在《民事案件案由规定》中,最高人民法院将民事案件划分为以下 10 种类型:人格权纠纷;婚姻家庭、继承纠纷;物权纠纷;合同、无因管理、不当得利纠纷;知识产权与竞争纠纷;劳动争议、人事争议;海事、海商纠纷;与公司、证券、保险、票据等有关的民事纠纷;侵权责任纠纷;适用特殊程序案件。

在上述 10 种类型的民事纠纷中,第二类"婚姻家庭、继承纠纷"即属于典型的家事纠纷。在第二类婚姻家庭、继承纠纷之外,

---

① 详见《最高人民法院关于印发修改后的〈民事案件案由规定〉的通知》(法〔2011〕42 号)。

还可以搜寻到很多虽然不属于婚姻家庭、继承纠纷,但仍可能牵连到家庭关系的纠纷(即纠纷双方存在亲属关系的情况),本书将此类纠纷称为非典型家事纠纷。

家事纠纷通常会涉及人身关系和财产关系。本书所讨论的家事服务信托,其核心是关于财产的信托化安排。因此,家事服务信托可以较为直接地应用到财产纠纷中。但家事服务信托能否直接有效地化解人身纠纷,则存在不确定性。好在正如有论者所主张的那样,尽管家事纠纷具有较强的身份属性,但几乎所有的家事纠纷最终都与财产有关。[①]

本书将《民事案件案由规定》所提及的各类典型和非典型家事纠纷,以人身关系和财产关系为标准做出进一步区分,便于明确家事服务信托的有效适用范围,如表 3-1 所示。在此基础上,本书在表 3-1 最右列提出了有关争议所对应的家事服务信托产品类型。

表 3-1　家事纠纷具体类型和属性

家事纠纷具体类型			人身/财产属性	家事服务信托产品
家事纠纷	典型家事纠纷	婚姻家庭纠纷		
		婚约财产纠纷	财产纠纷	婚前财产保护家事服务信托/婚姻财产保护家事服务信托
		离婚纠纷	人身纠纷/财产纠纷	离婚财产安排家事服务信托/未成年人成长保障家事服务信托
		离婚后财产纠纷	财产纠纷	离婚财产安排家事服务信托

---

① 潘从武、陈玲霞:《家事纠纷处理面临适用法律难判决执行难》,《法制日报》2016 年 11 月 16 日第 5 版。

家事服务信托研究

续　表

家事纠纷具体类型			人身/财产属性	家事服务信托产品
家事纠纷	典型家事纠纷	婚姻家庭纠纷	离婚后损害责任纠纷	财产纠纷	离婚财产安排家事服务信托
			婚姻无效纠纷	人身纠纷	婚姻财产保护家事服务信托
			撤销婚姻纠纷	人身纠纷	婚姻财产保护家事服务信托
			夫妻财产约定纠纷	财产纠纷	婚姻财产保护家事服务信托
			同居关系纠纷 同居关系析产纠纷	财产纠纷	同居相关家事服务信托
			同居关系子女抚养纠纷	人身纠纷	未成年人成长保障家事服务信托
			抚养纠纷 抚养费纠纷	财产纠纷	未成年人成长保障家事服务信托
			变更抚养关系纠纷	人身纠纷	未成年人成长保障家事服务信托
			扶养纠纷 扶养费纠纷	财产纠纷	扶养相关家事服务信托
			变更扶养关系纠纷	人身纠纷	扶养相关家事服务信托
			赡养纠纷 赡养费纠纷	财产纠纷	养老保障家事服务信托
			变更赡养关系纠纷	人身纠纷	养老保障家事服务信托
			收养关系纠纷 确认收养关系纠纷	人身纠纷	收养相关家事服务信托
			解除收养关系纠纷	人身纠纷	收养相关家事服务信托
			监护权纠纷	人身纠纷	未成年人成长保障家事服务信托
			探望权纠纷	人身纠纷	未成年人成长保障家事服务信托
			分家析产纠纷	财产纠纷	分家相关家事服务信托

058

续 表

家事纠纷具体类型			人身/财产属性	家事服务信托产品
家事纠纷	典型家事纠纷	继承纠纷 法定继承纠纷 一般法定继承纠纷	财产纠纷	继承相关家事服务信托
		转继承纠纷	财产纠纷	继承相关家事服务信托
		代位继承纠纷	财产纠纷	继承相关家事服务信托
		遗嘱继承纠纷	财产纠纷	继承相关家事服务信托/精神传承类家事服务信托
		被继承人债务清偿纠纷	财产纠纷	继承相关家事服务信托
		遗赠纠纷	财产纠纷	继承相关家事服务信托/精神传承类家事服务信托
		遗赠扶养协议纠纷	财产纠纷	继承相关家事服务信托/养老保障家事服务信托
	非典型家事纠纷	人格权纠纷（如婚姻自主权纠纷等）	人身纠纷	/
		物权纠纷（如物权确认纠纷、共有纠纷、土地承包经营权继承等）	财产纠纷	其他定制化家事服务信托
		合同、无因管理、不当得利纠纷（如房屋买卖合同纠纷、民间借贷纠纷等）	财产纠纷	其他定制化家事服务信托
		与企业有关的纠纷（如股权转让纠纷、民事信托纠纷等）	财产纠纷	其他定制化家事服务信托
		适用特殊程序案件（如监护权案件等）	人身纠纷	未成年人成长保障家事服务信托等

本书认为,在设计专项家事服务信托产品时,可重点关注表3-1中所列的具有一定财产关系属性的纠纷类型。将上述常见家事纠纷类型与人们在家事领域从出生到死亡的人生旅途中不同阶段的常见需求结合在一起,为专项家事服务信托产品设计提供了一张丰富多彩的蓝图,如表3-2所示。

表3-2　家事纠纷具体类型和属性

序号	家事服务信托名称	信托目的
1	未成年人成长保障家事服务信托	为未成年人生活成长开销提供资金支持
2	婚前财产保护家事服务信托	为婚前财产提供独立保护
3	同居相关家事服务信托	为同居期间涉及的相关财产提供独立保护
4	婚姻财产保护家事服务信托	为婚后共同财产提供独立保护
5	离婚财产安排家事服务信托	为离婚时的财产分割提供信托化解决方案
6	分家相关家事服务信托	为分家析产事件提供信托化解决方案
7	养老保障家事服务信托	为家庭成员养老生活保障提供资金支持
8	继承相关家事服务信托	为遗产继承提供信托化解决方案
9	精神传承类家事服务信托	为家庭精神传承事宜提供信托化解决方案

上述各项家事服务信托在法律结构上的基本框架大体相同,主要区别在于具体信托目的不同。下文以具体适用场景为核心,对不同细分类型的家事服务信托展开介绍。

二、各类家事服务信托典型适用场景介绍

(一)未成年人成长保障家事服务信托

1.概述

如果根据一个人从出生到死亡的全生命周期来设计家事服务信托产品方案,那么首先要考虑的就是一个人出生后的成长保障类需求。一个人从出生后到成年找到安身立命的工作前,尚无法在社会上独立生存,需要得到父母及其他年长亲属的抚养、照顾和帮助才能顺利长大成人。在此过程中,如何有效保障未成年人的健康成长是每一个家庭必须面临的核心任务。特别是当家庭出现变故时(如家庭成员出现不良嗜好导致家庭资金被挥霍,家庭成员发生企业经营风险,家庭成员离婚,家庭成员意外死亡,等),如何尽可能使未成年人在经济支持方面少受或不受影响,也是相关家庭需要重点关注的问题。

此外,家庭财产由丈夫管还是由妻子管的问题也成为常见的家事纠纷导火线。如果夫妻之间没有孩子,那么谁来管钱的矛盾还相对缓和些,夫妻双方还能大体上做到各自收入上的相对独立

支配。一旦夫妻有了孩子,家庭支出会显著增加,此时如果夫妻双方还想独立支配各自的收入,就会面临很多摩擦。关于谁为家庭及孩子付出的争吵也很可能会出现。但如果家庭收入完全由夫妻一方来管理和支配也容易产生矛盾,不管理家庭财务的一方会时常产生不自由的感觉,家庭矛盾也容易在财富支配的失衡中产生。因此,如果能使家庭资产实现相对的独立,既不归丈夫管,也不归妻子管,但又能在家庭需要资金时,特别是家庭在未成年人的成长过程中需要各类资金时及时进行现金流的匹配,那么这将是较为理想的家事纠纷预防和化解方式。

针对上述需求,信托公司可以推出专门的未成年人成长保障家事服务信托产品。该产品的核心功能是确保未成年人在成长过程中能够得到充足的资金支持,汇集来自各个家庭成员所提供的资金,安全独立运作,并尽可能免受各种家庭变故或其他不良事件的影响。

2.典型适用场景

(1)适用场景一:压岁钱和生日红包

小赵那年7周岁,已经上小学。每逢过年,小赵都会从年长的亲戚那收到压岁钱。每年过生日时,小赵也会收到亲戚给的生日红包。小赵的父母和小赵说:"这些压岁钱和生日红包我们先帮你存着,等你长大了以后再给你。"小赵对父母的话信以为真,于是专门找出了一个记事本,把每年收到的压岁钱和生日红包的金额都记在了上面,准备等到自己长大后再去找父母把这些钱拿回来。时光如梭,一晃小赵 20 周岁了,在一所大学的法学院读书。有一天,小赵忽然发现了以前记录压岁钱和生日红包的记事本,于是拿着本子去找父母,想要回自己这些年来收到的压岁钱和生日红包。父母却告诉小赵,那些钱父母早就花光了,没有留下来。小赵很懊恼,于是他决定如果以后自己有了孩子,当孩子收到了压岁钱和生日红包,他一定要用一种更好的方式好好保存起来,让自己的孩子长大后能够有惊喜,而不是像他现在一样不开心。

针对小赵的诉求,未成年人成长保障家事服务信托是一种较为理想的工具。当小赵有孩子之后,小赵和配偶可以作为共同委托人设立未成年人成长保障家事服务信托,其中,小赵的孩子是该信托的受益人,而信托公司是受托人。小赵将其孩子每年收到的压岁钱和生日红包作为信托财产交付给受托人。受托人对信托财产进行管理和投资。等小赵的孩子成年后,信托终止,受托人将信托财产交付给小赵的孩子。在信托存续期间,如果受益人出现生病、出国留学等临时重大资金需求,信托财产也可用于上述目的。通过上述家事服务信托架构安排,小赵在有了孩子以后,终于可以认真且负责任地对自己的孩子说:"这些压岁钱和生日红包我们先帮你存着,等你长大了以后再给你。"小赵对父母那种失望的感觉终于可以不再发生在小赵的孩子身上了。

(2)适用场景二:父母定期资金支持

小王和小刘夫妻二人已结婚 3 年,育有一女,小小王,今年 2

岁。小王和小刘都有稳定的工作。小王每月的工资收入约 8000
元,小刘每月的工资收入约 5000 元。小王和小刘的孩子小小王
目前由小王的父母和小刘的父母轮流照顾着。小王和小刘婚后
在经济上继续保持相对独立,各自的收入由各自支配,并未将各
自的收入汇集到一起混合使用。小王和小刘在婚后感情本来相
对和睦,但是有了孩子之后,经常会因为孩子的各种日常生活开
销应该由谁承担的问题产生争议。如果小工和小刘将各自的收
入汇集一起,共同使用,则上述争议本可以避免,但是小王和小刘
作为"90 后",均较为重视个人的自由空间,都认为经济上的相对
独立是保障个人自由的重要因素,不愿意让对方对自己的收入和
消费指手画脚。在此情况下,夫妻二人经商量后,同意每个月将
各自收入的一部分拿出来用于孩子的生活开销。但对于这笔资
金的存放问题又产生了新的争议。双方均不同意将小孩的生活
资金存放在对方的账户名下,也不同意将资金存放在对方父母的
账户名下。整个家庭陷入了僵局。

　　针对小王和小刘的上述争议,未成年人成长保障家事服务信
托是一种较为理想的工具。小王和小刘可以作为共同委托人设
立未成年人成长保障家事服务信托,其中,小王和小刘的孩子小
小王是该信托的受益人,而信托公司是受托人。小王和小刘每个
月从各自收入中拿出一部分资金作为信托财产交付给受托人。
受托人对信托财产进行管理和投资。在信托存续期间,受益人小
小王的各类生活和成长开销均可由受托人以信托财产的方式进

行支付。由于信托专户开设在受托人名下，不属于小王，也不属于小刘，独立性较好，这样可以化解小王和小刘之间的有关矛盾。此外，小王和小刘可以继续保持经济上的相互独立，除了每月定期向未成年人成长保障家事服务信托受托人交付一定金额的信托财产外，其他收入仍可自由支配，不受干涉和影响。

(3)适用场景三:祖父母对孙子女的资金支持

小赵和小孙夫妻二人已结婚 2 年,育有一子,小小赵,今年刚刚 1 周岁。但小赵和小孙都还没有稳定的工作,小赵有时会开网约车获得一定收入,小孙则在网上经营着一个小淘宝店,但收入也不是很稳定。小赵有些沉迷于网络游戏,开网约车赚的钱又有一部分花在了购买游戏装备上。小孙较为在意自己的形象,每个月都购买不少化妆品,经营淘宝店获得的收入也有一部分用于化妆品消费上。目前,两人的收入加在一起尚不能完全覆盖小小赵的生活开销。小小赵的生活开销有很大一部分都是靠小赵父母和小孙父母的支持。4 个老人对于拿出资金用于小小赵的生活开销本身并无意见,但是总是担心将资金给了小赵和小孙后,没有完全用在小小赵身上,而是被小赵和小孙分别用于游戏花销和购买化妆品上。因此,4 个老人也不敢每个月给小赵和小孙太多的资金,但又怕小小赵的生活支出不足,影响了孩子的健康成长。同时,4 个老人也担心,如果在小小赵还没有长大成人前他们就去世了,他们的遗产能不能有效地用在小小赵的生活成长上,会不会被小赵和小孙挥霍了。

针对 4 个老人的上述担心,未成年人成长保障家事服务信托是一种较为理想的工具。4 个老人可以作为共同委托人设立未成年人成长保障家事服务信托,其中,小赵和小孙的孩子小小赵是该信托的受益人,而信托公司是受托人。4 个老人可以一次性拿出一笔资金作为信托财产交付给受托人,信托成立后 4 个老人也可以定期拿出资金作为追加信托财产交付给受托人。受托人对信托财产进行管理和投资。在信托存续期间,受益人小小赵的各类生活和成长开销均可由受托人以信托财产的方式进行支付。由于信托专户开设在受托人名下,不属于小赵,也不属于小孙,独立性较好,小赵和小孙无权支配信托财产。此外,4 个老人可以在该信托工具下提前进行遗产规划,在去世前可以将有关财产均交付给该信托的受托人,这样就能够实现隔代传承的效果。如果 4 个老人担心小赵和小孙的基本生活以后也成问题,可以增设小赵和小孙作为该信托的受益人,但为了防止他们挥霍,可以在该信托架构下限制小赵和小孙每月从该信托中获取的信托利益,只要足够覆盖他们的基本生活支出即可。

(4)适用场景四:父母事业风险隔离

小冯和小陈结婚 10 年,两人育有一女小小冯,今年 8 岁。小冯在一家互联网公司担任部门经理,小陈是全职太太,主要负责照顾小小冯。小冯和小陈家庭关系和睦,已有一定积蓄,足够小小冯生活成长所需。在全民创业的大潮下,小冯决定从现在的单位辞职去创业。但是互联网行业创业风险很高,小冯也知道创业阶段需要大量融资,投资人经常会要求企业创始人对融资提供个人连带责任担保。这意味着小冯需要将全部身家都下注在自己的创业企业中。小陈对小冯的要求是,即使创业失败了,也不能影响到家庭的正常生活,特别是不希望影响到女儿小小冯的生活。小冯和小陈对此未想到很好的解决方案。

对于小冯和小陈的苦恼,未成年人成长保障家事服务信托是一种较为理想的工具。在小冯创业前,小冯和小陈可以作为共同委托人设立未成年人成长保障家事服务信托,其中,小冯和小陈的孩子小小冯是该信托的受益人,而信托公司是受托人。小冯和小陈将目前家庭的主要资产(包括现金、股票、不动产等)作为信托财产交付给受托人。受托人对信托财产进行管理和投资。受托人每月向小小冯分配一定的信托利益供其日常生活使用。

在上述家事服务信托架构下,小冯和小陈的主要家庭财产已经转移至受托人名下,不再属于小冯和小陈的个人财产。在小冯创业后,如果企业后续需要融资,小冯可以根据投资人要求针对融资提供个人连带责任保证担保。即使创业失败,小冯需要承担个人连带责任保证担保责任时,家事服务信托架构下的信托财产享有独立性,不属于小冯的个人资产,不会受到影响。

(5)适用场景五:特定事项支持

小蒋在上大学时一直有出国留学读研的梦想,但是小蒋的家庭条件不是特别好,家里拿不出供小蒋留学的费用。小蒋大学毕业后无奈只能放弃梦想,找了一份工作。工作后小蒋相亲认识了小沈,并结为夫妻。现在两人已结婚3年,育有一女小小蒋。小蒋对于上学时没有机会留学深造一直都有遗憾,因此希望自己的女儿以后能有机会出国留学,不再因为经济困难而放弃。为此,小蒋和妻子小沈商量,希望两个人能够从现在开始每个月从收入中留出一定比例的资金,作为女儿长大以后出国留学的资金。小沈原则上同意小蒋的想法,但是觉得女儿还小,距离她长大成人出国留学还有很长的时间,就算两个人现在开始存钱,但是在这漫长的时间里这笔钱很容易就因为各种事项被用掉,很难坚持下来。小蒋觉得小沈的想法很有道理,但也一时想不出很好的解决方案。

对于小蒋和小沈的担心和需求,未成年人成长保障家事服务信托是一种较为理想的工具。小蒋和小沈可以作为共同委托人设立未成年人成长保障家事服务信托,其中,小蒋和小沈的孩子小小蒋是该信托的受益人,而信托公司是受托人。小蒋和小沈定期将一定的资金作为信托财产交付给受托人。受托人对信托财产进行管理和投资。当小小蒋以后出国留学需要资金支持时,受托人向小小蒋分配信托利益。

(二)婚前财产保护家事服务信托

1. 概述

从财产归属角度看,结婚的一个附带结果就是,双方的婚前财产在漫长的时间中,有可能逐渐发生混同,无法再进一步区分。例如,一方在婚前有现金资产 500 万元,结婚后将 500 万元现金资产用于买房。该房屋是在婚后购买,因此便成为婚后共同财产。如果不想让上述房屋成为夫妻共同财产,在进行不动产登记时,就需要配偶出具弃权确认书。这无疑会影响夫妻感情,造成夫妻之间的矛盾。

因此,理想的夫妻生活是,感情归感情,金钱归金钱,最好没有交集。"谈钱伤感情"是句老话,却也蕴含着人生的真谛。因此,较为理想的做法是,在婚前做好财产规划,尽可能将婚前财产独立出来,不再归属于自己,但在自己或家人有需要时,又能随时获得资金支持。

针对上述需求,信托公司可以推出专门的婚前财产保护家事服务信托产品。该产品的核心功能是确保夫妻双方的婚前财产得到有效保护且安全独立运作,不因结婚而使婚前财产发生混同,并尽可能免受出轨、离婚等家庭变故或不良事件的影响。

2. 典型适用场景

(1)适用场景一:即将第一次结婚的人士

小孔和小曹已经谈了 2 年的恋爱,准备步入婚姻殿堂。但在结婚前,小孔有一件心事一直放不下。小孔的爷爷已经去世,生前特别喜欢小孔,在遗嘱中留给了小孔 100 万元遗产,希望小孔能够做自己喜欢做的事,不受赚钱压力所累。小孔担心结婚后,爷爷留给自己的 100 万元会因买房买车以及日常生活所需逐渐花费掉,并且会和夫妻二人的其他财产逐渐混同,变为夫妻共同财产。万一日后小孔和小曹离婚,这 100 万元购买的房产和汽车等非现金资产也将随之分割,要被小曹分去一半。小孔不希望上述情况发生,却又没有很好的解决方案。

对于小孔的担心和需求,婚前财产保护家事服务信托是一种较为理想的工具。小孔可以作为委托人设立婚前财产保护家事服务信托,信托财产为小孔从爷爷那继承来的 100 万元,其中,小孔及小孔的父母可以作为该信托的受益人,而信托公司则是受托人。受托人对信托财产进行管理和投资。如果小孔婚后有买房和买车的需求,信托公司可以运用信托财产购买房屋和车辆供小孔使用,但相关房屋和车辆仍然在受托人名下,属于信托财产。这样一来,即使小孔日后和小曹离婚,信托财产仍然不会受到任何影响,仍然独立于小孔和小曹,不会被归为夫妻共同财产进行分割。

(2)适用场景二:即将再婚的人士

小何和小吕结婚 5 年后离婚,两人进行了痛苦的财产分割。现在小何和小施正在谈恋爱,小何考虑再婚。但是上一段婚姻中痛苦的离婚财产分割让小何心有余悸,小何不想再重蹈覆辙。小何想与小施签订婚前财产协议后再结婚,但是担心这样会严重影响两人的感情。小何也没有想到其他可行的方法,较为苦恼。

对于小何的需求,婚前财产保护家事服务信托是一种较为理想的工具。小何可以作为委托人设立婚前财产保护家事服务信托,信托财产为小何的现金、股票、房产等婚前财产,其中,小何及小何的父母可以作为该信托的受益人,而信托公司则是受托人。受托人对信托财产进行管理和投资。即使小何与小施结婚后因各种原因又要离婚,信托财产也不会受到任何影响,仍然独立于小何和小施,不会被归为夫妻共同财产进行分割。此外,小何在与小施结婚前设立婚前财产保护家事服务信托,无须经过小施同意,甚至可以对小施完全保密,这样一来也不会影响小何与小施的感情。

(3)适用场景三:未婚子女生活保障资金

小金和小魏正在热恋中,准备过一段时间结婚。小金的父母想给小金一笔生活保障资金,使其婚后过上更为舒适的生活。但小金的父母担心,如果小金和小魏日后感情不和,万一离婚的话,上述生活保障资金可能会与小金和小魏的夫妻共同财产发生混同,从而被小魏分去一半。

针对小金父母的担心,婚前财产保护家事服务信托是一种较为理想的工具。小金的父母可以作为共同委托人设立婚前财产保护家事服务信托,信托财产为本来想给小金的那笔生活保障资金,其中,小金是该信托的受益人,而信托公司是受托人。受托人对信托财产进行管理和投资。即使小金与小魏结婚后因各种原因要离婚,信托财产不会受到任何影响,仍然独立于小金和小魏,不会被归为夫妻共同财产进行分割。

（三）同居相关家事服务信托

1.概述

在当今社会,越来越多的人选择不婚。同时,未婚同居的现象也越来越普遍。但与婚姻关系相比,同居关系无法得到法律的全面保护,面临更大的不确定性。在法律保护不足的情况下,是否能采取替代性措施,使得同居双方的权利得到有效保护,防止潜在争议呢?

针对上述需求,信托公司可以推出专门的同居相关家事服务信托产品。该产品的核心功能是使同居期间双方的财产能够得到独立保护,不因同居而发生财产发生混同,安全独立运作,在同居关系解除后也能减少争议的发生。

2.典型适用场景

小张和小刘相恋多年,但都是不婚主义者,因此决定长期同居生活。两个人希望能谈一场纯粹的精神恋爱,希望尽可能不被世俗生活所累。在财产规划上,两个人不希望整天因为日常共同生活支出该由谁负担的问题过多费心。于是,两个人希望把各自每月收入的50％拿出来用于日常开支和购买共同生活所需的房屋和汽车等大件用品。但是因为两个人没有结婚,两个人都担心以后如果不相爱了,到了分手时,相关的财产不好处理。两个人觉得相爱一场,就算有一天不再有感情,也希望好聚好散。

　　针对小张和小刘的上述需求,同居相关家事服务信托是一种较为理想的工具。小张和小刘可以作为共同委托人设立同居相关家事服务信托,信托财产为小张和小刘的收入所得,其中,小张和小刘是该信托的受益人,而信托公司是受托人。受托人对信托财产进行管理和投资。在小张和小刘同居期间,受托人向两人分配一定的信托利益供日常生活所需,受托人还会用信托财产项下的资金来购买小张和小刘生活所需的房屋和汽车,供两人使用。如果小张和小刘以后结束同居,则该信托终止。受托人将信托财产中的非现金财产进行出售,使全部信托财产均为现金财产,然后将现金财产向小张和小刘各自分配50%。

(四)婚姻财产保护家事服务信托

1. 概述

　　结婚是最美的喜事,也是一个人成年所做的最重要的选择之一。但结婚必然伴随着两个人的财产和婚后收入的交织与融合,由此而引发的风险和纠纷也困扰着很多夫妻。

　　针对上述需求,信托公司可以推出专门的婚姻财产保护家事服务信托产品。该产品的核心功能是为夫妻双方提供一种婚姻财产的保护性安排方案,将与婚姻相关的财产通过信托架构来实现所有权独立和挂起的效果,减少相关纠纷和风险的产生。

2.典型适用场景

(1)适用场景一:防止聘礼和嫁妆争议

小顾和小孟正在热恋中,准备结婚。根据当地传统,小贾作为男方,婚前要购置婚房。在订婚时,男方家庭还要给女方父母聘礼50万元。同时,女方家庭在小顾和小孟结婚时,要负责支付婚房装修费用并购置一辆小汽车作为嫁妆。小顾和小孟都是"90后",脾气都有些大,都有个性。小顾和小孟的父母对于聘礼和嫁妆的习俗都认可,并认为不论是聘礼还是嫁妆,其实都是想给小顾和小孟的,想让他们婚后生活得幸福开心些,家庭负担少一些。但是双方父母都有些担心,万一小顾和小孟结婚没多久就发生矛盾离婚了,那相关的聘礼和嫁妆的处理较为烦琐,将给两家带来很多麻烦和争议。

针对小顾小孟父母的上述担忧,婚姻财产保护家事服务信托是一种较为理想的替代性解决工具。小顾的父母和小孟的父母可以作为共同委托人设立婚姻财产保护家事服务信托,信托财产为双方父母本来想作为聘礼和嫁妆的资金,其中,小顾及小孟是该信托的受益人,而信托公司是受托人。受托人对信托财产进行管理。信托合同中约定,信托财产一部分用于购置婚房、装修、购置小汽车等事宜,一部分用于小顾和小孟婚后生活的日常花销所需,还有一部分闲置资金用于投资理财。信托合同中还约定,如果日后小顾和小孟离婚,则受托人将出售婚房和小汽车等非现金资产,等信托财产全部变为现金资产后,小顾和小孟各自取得信托财产的 50%,信托终止。

(2)适用场景二:夫妻一方经营风险隔离

老高和老夏是一对结婚 15 年的夫妻,育有一子一女。老高是一家企业的实际控制人,多年来为企业付出了很多心血。近年来,企业所在的行业波动较大,现金流越来越紧张。老高担心再过几年,可能企业就需要通过贷款来解决资金流动性问题。但根据金融市场的一般做法,在企业贷款时,老高作为企业的实际控制人也要为企业贷款提供个人连带保证责任担保。老高很担心如果以后经济形势恶化,自己要为企业承担连带保证责任的话,那么家庭资产将受到较大影响。

针对老高的担心,婚姻财产保护家事服务信托是一种较为理想的工具。在老高的企业经营一切还正常时,老高和老夏作为共同委托人设立婚姻财产保护家事服务,信托财产为老高和老夏名下的主要财产,如现金、不动产、股票、金融产品等,其中,老夏及其子女是该信托的受益人,而信托公司作为受托人对信托财产进行管理。受益人每月取得一定的信托利益用于生活所需。在信托生效后,信托财产具有独立性,不再属于老高的个人财产。如果老高的企业有贷款需求,老高可以放心提供个人连带保证担保,不必担心企业经营风险传导至家庭资产。

(3)适用场景三:出轨防范与惩罚功能

小鲁和小韦谈了两年恋爱,准备结婚。在恋爱期间,由于小鲁阳光又帅气,很招女孩子喜欢,小韦有些缺乏安全感。小韦担心结婚后,万一有女孩子向小鲁表达爱意,小鲁有出轨的可能。小韦希望能找到一种好的方法,能够对配偶的出轨行为起到防范和惩罚的作用。

针对小韦的需求,婚姻财产保护家事服务信托是一种较为理想的工具。小鲁和小韦在结婚后,可以作为共同委托人设立婚姻财产保护家事服务,信托财产为小鲁和小韦的主要婚前财产和婚后共同财产,其中,小鲁和小韦是该信托的受益人,而信托公司是受托人。如果以后小鲁和小韦有孩子了,还可以将孩子增设为信托受益人。受托人对信托财产进行管理。信托合同中约定,信托存续期间,如果小鲁或小韦发生出轨行为,则自动丧失受益人资格,无法从婚姻财产保护家事服务信托中获得信托利益。

(五)离婚财产安排家事服务信托

1. 概述

离婚纠纷是家事纠纷中占比最高的纠纷类型,也是最让人头疼的家事纠纷类型。夫妻双方本来不分彼此,特别是财产关系往往是深度混同在一起的。即使在结婚前双方都有一定的婚前财产,但是在漫长的婚姻岁月中,婚前财产很容易逐步转变为婚后共同财产。如果不离婚,谁也不会在乎家里的财产到底是归谁的;在正常的夫妻关系中,家里的财产显然是归属于整个家庭的。但是,一旦夫妻因为感情不和或者其他原因,闹起了离婚,那么当事人将陷入非常尖锐的对立中,谁都不希望对方多得一丝的好处。在离婚纠纷中,夫妻共同财产分割是最让人头疼的事情,也是很多离婚纠纷的核心争议点。如果有一种柔性工具能缓和上述矛盾,则将显著地有利于离婚纠纷的化解。

针对上述需求,信托公司可以推出专门的离婚财产安排家事服务信托产品。该产品的核心功能是为离婚当事人提供一种替代性的财产安排方案,将全部或部分夫妻共同财产通过信托架构来实现所有权独立和挂起的效果,使离婚双方不再盯着财产的所有权归属问题争执不下,减少纠纷的产生。

2.典型适用场景

(1)适用场景一:化解共同财产分割难题

小刘和小王结婚10年,育有一子小小刘。现在小刘和小王感情破裂,准备离婚,但是双方对于婚姻存续期间购买的5套房子如何分割存在争议。两个人均看好中国楼市长期发展的升值空间,因此都不愿意通过将房屋变卖后各自分得50％的售房款的方式对房屋进行分割。同时,小刘和小王均同意在两人离婚后,小小刘与小刘共同生活。但是小刘认为,正是因为自己还要抚养小小刘,因此,在离婚时自己应该多分几套房子。但是小王认为,虽然离婚了,但是自己还是要支付大额的抚养费,因此不同意小刘多分房产。小刘和小王倒是都同意把5套房产都留给小小刘,但是担心小小刘还小,留这么多房产给他,怕他以后都挥霍变卖了。

对于小刘和小王的争议,离婚财产安排家事服务信托是一种较为理想的工具。小刘和小王可以作为共同委托人设立离婚财产安排家事服务信托,其中,小小刘是该信托的受益人,而信托公司是受托人。小刘和小王将5套房产作为信托财产交付给受托人。受托人对信托财产进行管理。在5套房产中,小刘和小小刘享有其中1套的居住权,小王享有其中1套房产的居住权,还有3套房产用于出租,租金成为信托财产的一部分。受托人将租金用于支付小小王日常生活所需的费用。

(2)适用场景二:子女抚养安排

小周和小吴已结婚多年,二人育有一子小小周,今年9岁。现在夫妻感情破裂,准备离婚,但是对离婚后小小周的抚养问题仍在争议。小周和小吴都很爱小小周,两人准备采取共同轮流抚养的方式,即小小周每年先跟随小周生活半年,再跟随小吴生活半年。小周和小吴目前比较担心的是,离婚后小小周的生活费用支付问题。双方均同意孩子在跟随一方生活期间,孩子的一般生活费用由该方承担。但孩子在成长过程中,会发生某些大额的支出,如生病治疗费用、上学费用、辅导培训费用等。这些费用的发生时间不完全确定,由届时抚养孩子的一方完全负担的话,有可能出现不公平的情况。如果双方额外共同准备一笔资金出来,又都不放心放在某一方的账户名下,原因是双方各自再婚的话,这笔资金可能被双方的新配偶控制或挪用。

　　针对小周和小吴的上述争议,离婚财产安排家事服务信托是一种较为理想的工具。小周和小吴可以作为共同委托人设立离婚财产安排家事服务信托,其中,小周和小吴的孩子小小周是该信托的受益人,而信托公司是受托人。小周和小吴定期拿出一定资金作为信托财产交付给受托人。受托人对信托财产进行管理和投资。在信托利益分配上,有两种方案可供小周和小吴选择。第一种方案是在信托存续期间,受益人小小周的所有生活和成长开销均可由受托人以信托财产的方式进行支付。此方案公平性较高。但是信托利益分配程序相对烦琐。第二种方案是在信托存续期间,受益人小小周发生的大额资金支出由信托财产承担。小小周的日常小额生活开销由小周或者小吴在抚养孩子期间自行负担。此方案公平性稍弱,但信托利益分配程序相对高效。此外,由于信托专户开设在受托人名下,不属于小周,也不属小吴,独立性较好,即使双方各自再婚后,也无须担心双方的新配偶会挪用或控制上述信托财产。

(六)分家相关家事服务信托

1.概述

有关研究指出,分家析产是指我国传统家庭分裂过程中家业在父子间的代际传递和家产在诸子间的横向分配,包括家业继承、家产分配、家计分裂和家庭独立等。20世纪以后,分家析产制度虽然逐渐退出了国家法领域,但仍作为习惯法广泛存在于我国民间。[①] 在分家过程中,由于存在家产所有权的重新分配,因此家庭成员之间容易产生纠纷。对于如何分配、按何种比例分配,均是棘手的问题。

针对上述难题,信托公司可以推出专门的分家相关家事服务信托产品。该产品的核心功能是为分家析产当事人提供一种替代分家析产的方案,将本来拟分割的家庭财产通过信托架构来实现所有权独立和挂起的效果,使各个家庭成员不再盯着财产的所有权归属问题争执不下,从而减少纠纷的产生。家庭成员可以成为分家相关家事服务信托的受益人,共同享受信托利益。

2.典型适用场景

老王有3个儿子,王一、王二、王三。老王积累了一定的财

---

① 详见高其才主编:《当代中国分家析产习惯法》,中国政法大学出版社2014年版,前言第5页。

富,是一家中等规模公司的实际控制人,拥有这家公司100％的股权,还有2套房产。3个儿子都在父亲的公司打工,也都想成为这家公司下一代实控人。老王的配偶前年去世了,老王现在开始考虑自己的养老问题和财产的传承问题。老王担心自己去世后,遗产会引起兄弟3人的纠纷,因此想在自己还在世时就做好分家的事情,将财富平稳地传给下一代。因为老王已经丧偶,因此希望住在其中1个儿子家养老,这个儿子也相应地在分家过程中多分得一些财产。但3个儿子为了能够在未来实际控制老王的公司,都争着要为老王养老,希望在分家过程中多分得一些股权。老王为此非常苦恼。

　　针对老王的苦恼和需求,分家相关家事服务信托是一种较为理想的工具。老王可以作为委托人设立分家相关家事服务信托,其中,老王和3个孩子是该信托的受益人,而信托公司是受托人。老王将公司股权和房产作为信托财产交付给受托人。受托人对信托财产进行持有和管理。老王可以在3个儿子中随意选择自己喜欢的一个孩子,由这个孩子照顾自己的老年生活。相应地,受托人将信托财产所产生的收益全部分配给老王和这个孩子。等老王去世后,分家相关家事服务信托继续存续,信托财产所产生的收益在3个孩子之间平均分配。公司的股权仍然由受托人持有,受托人根据市场化原则在3个孩子之间选择合适的人做公司的总经理。如果3个孩子的能力都不足以胜任,则受托人从全市场选择职业经理人经营该公司。

(七)养老保障家事服务信托

1.概述

我国正逐渐步入老年社会,老年人的养老保障需求也日益增强。在多子女家庭中,老年人的养老保障问题也很容易成为儿女们的争议重点。此外,还有一部分老人无儿无女,也迫切需要安全稳定的养老保障服务。

针对上述需求,信托公司可以推出专门的养老保障家事服务信托产品。该产品的核心功能是为老年人提供独立稳定的养老保障资金安排。老年人自己或老年人的子女可以将特定的财产采取信托化的方式运作,由信托公司来管理和运用信托财产,并为老年人养老保障提供全面综合的解决方案。

2.典型适用场景

(1)适用场景一:子女孝顺老人

老张有4个孩子,张一、张二、张三和张四。老张和小儿子张四的关系最好,因此希望由张四来给自己养老。但张四有赌博的恶习,虽然赌博的金额不大,但也因此没有积攒下财产,生活质量不高。张一、张二和张三的生活条件较好,虽然也希望能为父亲养老,但鉴于父亲的想法比较明确,也就同意由张四为父亲养老。3个儿子同意每个月分别拿出1万元用于父亲的老年生活开销。

但 3 个儿子都比较担心张四的赌博问题,担心如果每个月将这笔钱交给张四,张四可能会挪用这笔父亲的养老钱用于赌博。

针对 3 个孩子的担心和需求,养老保障家事服务信托是一种较为理想的工具。张一、张二、张三可以作为共同委托人设立养老保障家事服务信托,其中,老张是该信托的受益人,而信托公司是受托人。张一、张二、张三每个月将 1 万元资金作为信托财产交付给受托人。受托人对信托财产进行管理和投资。受托人根据老张的实际生活情况,将信托财产用于支付老张的各种花销。老张去世后,信托财产如果还有剩余的,则受托人将信托财产平均交付给张一、张二和张三。

(2)适用场景二:孤寡老人养老

老赵一辈子单身,无儿无女。老赵年轻时很勤奋,擅长炒股,积攒下一定的财产,拥有 2 套房产和一定数量的上市公司股票等。现在老赵年纪大了,力不从心了,没精力管理股票了,想找一家养老院养老,但是又怕选错了养老院,无法保障自己有质量的老年生活。

针对老赵的担心和需求,养老保障家事服务信托是一种较为理想的工具。老赵可以作为委托人设立养老保障家事服务信托,其中,老赵自己是该信托的受益人,而信托公司是受托人。老赵将上市公司股票和房产作为信托财产交付给受托人。受托人对信托财产进行持有和管理。受托人在市场中选择质量较好的养老院为老赵提供养老服务,如果老赵不满意,受托人就继续选择更多更好的养老院供老赵备选，直到老赵选定了满意的一家为止。在老赵入住自己满意的养老院后，受托人用信托财产来支付养老院的有关费用。老赵在老年生活中出现的各项开支，如旅游、医疗等，也可以要求受托人用信托财产进行支付。老赵可以提前在养老保障家事服务信托中明确规定，自己身故后，如果信托财产中还有剩余，该笔资金该如何使用，例如，捐献给特定的慈善组织，或者成立一个专项的慈善基金，用于老赵生前所选定的具体慈善事业，等。

(八)继承相关家事服务信托

1.概述

当家庭中的老一辈去世后，所留下的遗产很容易在后辈的分割过程中产生纠纷。此前，受计划生育政策影响，独生子女家庭是社会上的主流家庭模式，因此遗产继承纠纷在一定程度上得以弱化。但近年来，我国在计划生育政策上发生了重大变化，多子女家庭将成为未来的主流模式。如何能更为柔性地安排继承相关事宜，减少继承纠纷的发生，是一个非常棘手的问题。

针对上述需求，信托公司可以推出专门的继承相关家事服务信托产品。该产品的核心功能是为家庭财富的传承提供一种替代性解决方案。老一辈可以将家庭财富采取信托化的方式独立出来，不再向后代传承财富的所有权，而是赋予子孙们信托受益权,共享家庭财富带来的利益,以此来尽可能避免后代为了争夺财富所有权而产生的纠纷。

2.典型适用场景

老赵今年80岁了,有2个儿子1个女儿。3个孩子之间的关系不太好。老赵担心如果以后自己去世了,3个孩子会为了遗产继承的事情闹得不可开交。即使自己留下遗嘱,估计3个孩子之间也会因为遗嘱中留给谁多一点谁少一点的事情而纠纷不断,甚至是对簿公堂。老赵希望在自己去世前就将自己的遗产传承事宜提前安排好,让3个孩子尽可能少些争议。

针对老赵的需求,继承相关家事服务信托是一种较为理想的工具。老赵在去世前,可以作为委托人设立继承相关家事服务信托,信托财产为老赵在去世前仍拥有的资金、房产、股票等主要财产,其中,老赵的3个孩子是该信托的受益人,而信托公司是受托人。受托人对信托财产进行管理。信托财产产生的现金收益,受托人按照每人1/3的比例,向3个受益人分配信托利益。

(九)精神传承类家事服务信托

1.概述

在家庭生活中,除了物质财富的传承,还有精神上的传承。当老一辈过世后,年轻的一代有时会希望以一种可持续的方式来缅怀上一代。

针对上述潜在需求,信托公司可以推出专门的精神传承类家事服务信托产品。该产品的核心功能是构建一个独立运作的精神传承纪念资产包,用以长期支持特定精神传承纪念活动及慈善事业。

2.典型适用场景

老刘是个画家,有 3 个儿子,刘一、刘二和刘三。去年底,老刘去世,留了一笔遗产给 3 个儿子。3 个儿子均事业有成,希望能以一种特殊的方式缅怀父亲。

针对 3 个儿子的需求,精神传承类家事服务信托是一种较为理想的工具。老刘去世后,3 个儿子可以作为共同委托人设立精神传承类家事服务信托,信托财产为老刘留下的遗产。信托公司作为受托人对信托财产进行管理。受益人范围可以根据具体的信托目的来确定。例如,信托财产可以用于每年举办 1 次绘画比赛以纪念老刘,奖励那些在绘画领域刻苦努力又有一定成果的年轻人。

第四章

家事服务信托涉及的相关
法律规范完善建议

　　家事服务信托在我国的顺利推广离不开我国相关法律制度的有力支撑。现阶段,我国《信托法》中有三大难题困扰着信托实践者,可能对家事服务信托的推广带来一定阻碍。一是信托财产所有权的归属问题;二是信托登记制度问题;三是受益人权利有效保护问题。本书将分别展开分析,并提出相关完善建议。

一、信托财产所有权的归属问题

　　自我国《信托法》于 2001 年颁布以来,关于中国信托财产所有权归属问题的争论一直持续不断,诸多观点针锋相对。该问题甚至已成为我国信托制度的"元问题",牵涉我国信托制度体系的方方面面，在信托登记①、信托财产独立性②、家族信托③、股权信托④、农村土地信托⑤、慈善信托⑥、收益权信托⑦、信托税制⑧等细分研究领域均成为无法绕开的难题。本书拟在分析既有学说的基础上，以充分有利于家事服务信托业务灵活开展为前提，以信托当事人意思自治为核心解释标准，主张我国《信托法》可不预设信托财产所有权的归属，此问题留给信托当事人自行约定，并具体分析信托当事人意思自治的拓展边界和限制。

（一）既有学说回顾

各方学说均围绕我国《信托法》第二条关于信托的定义展开。该条将信托定义为"委托人基于对受托人的信任，将其财产权委

---

① 孟强:《信托登记制度研究》，中国人民大学出版社 2012 年版，第 5—6 页。
② 胡旭鹏:《信托财产独立性与交易安全平衡论——以信托外部法律关系为视角》，法律出版社 2015 年版，第 200—201 页。
③ 赖秀福:《发挥信托制度优势 助力家族财富管理行稳致远》，《清华金融评论》2018 年 10 期，第 22 页。
④ 杨祥:《股权信托受托人法律地位研究》，清华大学出版社 2018 年版，第 89—91 页。
⑤ 高圣平:《农地信托流转的法律构造》，《法商研究》2014 年第 2 期，第 29 页。
⑥ 李文华:《完善我国慈善信托制度若干问题的思考》，《法学杂志》2017 年第 7 期，第 92 页。
⑦ 刘光祥:《收益权的信托财产属性:以安信纯高案为例》，载于刘光祥著《大资管与信托实战之法》，中国法制出版社 2018 年版，第 205 页。
⑧ 刘继虎:《法律视角下的信托所得税制——以民事信托所得税课税为中心》，北京大学出版社 2012 年版，第 33 页。

托给受托人,由受托人按委托人的意愿以自己的名义,为受益人的利益或者特定目的,进行管理或者处分的行为"。单从文义上看,上述规范并未明确提及信托财产所有权在信托设立后是否发生转移,这为不同论者的解释学说提供了充分的空间。具体而言,主要有以下几类观点。

1. 信托财产所有权归属于委托人

我国《信托法》颁布后,时任全国人大常委会法制工作委员会副主任的卞耀武主张:"将信托定位为受人之托、代人理财,是委托人对财产委托管理和处分的行为,是一种财产管理制度,这样可能便于接受;如果将信托表述为,从委托人来说,委托人一旦将财产交付信托,即丧失其对该财产的所有权不再属于其自有财产,这就会使一些人接受起来颇费思量。"①尽管卞耀武并未明确给出中国信托财产所有权的归属结论,但从上述表述中不难推断出卞耀武更倾向于信托财产所有权在信托设立后仍归属于委托人的解释路径,其核心理由在于该做法有利于促进委托人更加放心地接受和使用信托制度,减少委托人对信托财产所有权丧失的顾虑。张淳认为,信托财产所有权由委托人享有正是我国《信托

---

① 《信托关系规范化及其现实意义》,载于卞耀武主编《中华人民共和国信托法释义》,法律出版社2002年版,第4页。

法》的创造性规定之一。① 根据张淳的分析,由于我国《信托法》
第二条使用了"委托给"的表述,而非"转移给",因此信托设立后
信托财产的所有权仍归属于委托人,未发生转移。② 徐孟洲等人
的观点与张淳相似,认为我国《信托法》第二条规定的委托人将信
托财产所有权委托给受托人与转移给受托人是两个不同的概念,
委托并不转移财产的所有权。③

2.信托财产所有权归属于受托人

周小明主张,"委托给"一词仅具有形式法律意义,并不具有
实质法律意义,立法者使用"委托给"的表述只是为了避免与我国
民法"一物一权"的所有权制度相冲突,这样可以与我国民法所有
权制度相协调,立法者并无意改变具有英美法传统的信托实质。
基于此,周小明将"委托给"一词解释为"委托"+"给",主张信托
设立后信托财产的所有权应归属于受托人。④ 中野正俊和张军
建认为,我国《信托法》第二条在信托设立问题上没有明确财产权
转移这一要件,存在立法漏洞,应当采取扩大解释的路径,承认财

---

① 张淳:《〈中华人民共和国信托法〉中的创造性规定及其评析》,《法律科学》
2002年第2期,第112—113页。另见张淳:《中国信托法特色论》,法律出版社2013
年版,第33页。
② 同上。
③ 徐孟洲主编:《信托法》,法律出版社2006年版,第139页。
④ 周小明:《信托制度:法理与实务》,中国法制出版社2012年版,第40—43
页。

产权的转移。否则，信托制度将等同于代理制度。[①] 赵廉慧主张，我国《信托法》第二条所使用的"委托给"的表述并非错误，只是不全面，它仅仅明确了意定信托的约定基础（委托），但没有揭示信托的本质属性。[②] 根据赵廉慧的理解，委托是一种基础性的关系，基于委托关系可以进行不同的权利义务结构的安排。仅仅根据我国《信托法》第二条规定的条件，仍然无法确保信托关系的成立。我国《信托法》在制定过程中所参考的众多国家和地区均在信托的概念中强调财产权的转移，否则将违背信托本质。因此，赵廉慧认为，不论如何强调我国的国情，也不应将我国《信托法》上的信托理解为不转移财产权就可以设立。[③]

3.信托财产所有权可以归属于委托人或受托人

楼建波认为，我国《信托法》第二条的模糊规定尽管遭到诸多批评，但立法上的含糊其词反而为信托制度在复杂交易形态中的应用提供了灵活空间，让当事人能够根据交易目的决定是否转移信托财产的权属。这一看似"歪打正着"的结果也能够促使学界反思"信托就意味着所有权转移"命题的正当性。[④] 楼建波主张，信托制度的实质是信托财产的独立性，而信托财产的独立性并不

---

①　中野正俊、张军建：《信托法》，中国方正出版社 2004 年版，第 8—12 页。

②　赵廉慧：《信托法解释论》，中国法制出版社 2015 年版，第 46 页。

③　同①。

④　楼建波：《信托财产的独立性与信托财产归属的关系——兼论中国〈信托法〉》，《广东社会科学》2012 年第 2 期，第 242 页。

取决于信托财产权属的转移。^① 何宝玉认为，我国《信托法》第二条的规定可以被理解为信托财产的所有权可能转移，也可能并未转移给受托人，并非指信托财产的所有权一定仍归属委托人所有。^②

(二)本书对既有学说的评析

针对卞耀武的主张，本书认为，在我国《信托法》颁布之初，在社会大众尚不了解信托制度的情况下，卞耀武的担心情有可原，但不宜因噎废食。随着信托理念的普及，卞耀武的担心终有一天会成为历史，如果届时还只能将信托财产所有权归属于委托人，则会极大阻碍信托制度在民商事领域的适用空间。因此，既然我国《信托法》未明确规定信托财产的归属事宜，就应该将此问题留给信托当事人来决定。如果委托人无法接受一旦将财产交付受托人即丧失对该财产的所有权，可以在信托文件中约定由委托人保留所有权。如果委托人并无此担心，而是希望受托人尽可能高效地管理、运用、处分信托财产，则可以在信托文件中约定由受托人享有所有权。如果委托人的想法介于上述两种情形之间，则可

---

① 楼建波：《信托财产的独立性与信托财产归属的关系——兼论中国〈信托法〉》，《广东社会科学》2012年第2期，第244页。

② 何宝玉：《信托法原理研究》，中国政法大学出版社2005年版，第11—12页。

在信托文件中约定由委托人和受托人共同享有信托财产所有权。每一种约定将面临不同的法律后果，只要信托当事人自愿接受，则法律不宜干涉信托当事人的意思自治，这也是私法自治理念的直接体现。

针对张淳和徐孟洲等人的观点，本书承认，"委托给"与"转移给"的含义确实不同，将"委托给"生硬地解释为"转移给"确实不妥。但将"委托给"解释为"委托但不转移"也不妥。应该承认我国《信托法》第二条确实未提及信托所有权的转移事宜，而不是解释出一个非黑即白的结果。

针对周小明、中野正俊等论者的观点，本书反对将"委托给"拆分解释为"委托"＋"给"或扩大解释为"转移给"的路径。综观我国《信托法》立法过程中形成的不同版本的草案可以发现，立法者在早期确实使用过"转移给"的表述，但后期却改为"委托给"，这意味着立法者在信托财产所有权是否一定要归属于受托人这一问题上面临纠结和难题，最终使用了"委托给"的表述，恰恰意味着立法者在正式法律文件中并不想将信托财产所有权一定归属于受托人。在此情况下，如果还通过拆分或扩大解释的方式将"委托给"解释为"转移给"，恐与立法原意不符。

本书认为，不论是持委托人所有说的张淳、徐孟洲，还是持受托人所有说的周小明、中野正俊，所犯的相同错误在于在信托财产所有权归属问题上过分追求一个确定性的答案。在他们眼中，对于信托财产所有权的归属问题，必须"刨根问底"，通过对我国

《信托法》第二条的规范运用各种解释论方法寻找出唯一正确的结果,却未意识到,既然立法者对信托财产所有权归属问题采取了回避态度,可能恰恰意味着信托当事人在此问题上可以充分发挥意思自治,在不同的场景下采取不同的所有权归属路径。

赵廉慧已经意识到我国《信托法》在信托财产所有权归属问题上存在不全面表述的情形,但并未指出此种立法上的不全面表述可以通过信托当事人的约定来补齐。相比之卜,楼建波和何宝玉则明确指出在我国《信托法》目前的规范下,当事人可以根据交易目的决定是否转移信托财产的权属,可以将信托财产所有权归属于委托人,也可以归属于受托人,将我国信托财产所有权归属问题朝着信托当事人意思自治的方向推进。

本书的主要工作可以视为对楼建波和何宝玉相关主张的验证、补充和扩展。上述两人针对我国《信托法》第二条的解释路径放在我国《信托法》的整体逻辑体系中是否能圆融自洽?信托当事人意思自治的范围、边界和限制在哪?以上问题是本书重点讨论的内容,只有详尽地分析和回答这些问题,楼建波和何宝玉的解释路径才真正具备可行性。

(三)整体逻辑自洽检验

根据周小明的观点,对于信托财产所有权的归属问题,不能只看我国《信托法》第二条的规范,而是要着眼于我国《信托法》整体的规范体系。周小明认为我国《信托法》第十五条、第五十二条、第八条、第十四条、第四十一条、第五十五条等规定已经显示出信托设立后信托财产所有权不可能仍然保留在委托人手中。[①]周小明提出的在我国《信托法》整体规范体系中验证信托财产所有权归属问题这一路径值得肯定。不论各个论者对我国《信托法》第二条做何种不同的解释,最终都要确保与我国《信托法》其他规范不发生冲突。

同样,张淳在阐释其解释路径时,亦不局限于我国《信托法》第二条的规范表述,而是分别从信托设立前、信托设立时、信托存续期间和信托终止时等不同时间维度,结合我国《信托法》第二十八条、第二十九条、第十五条等规定进行综合分析。[②] 因此,若想让楼建波和何宝玉的解释路径经得起推敲,就必须从我国《信托法》整个规范体系出发,考察该解释路径在整个体系中是否圆融自洽。

1. 我国《信托法》第九条、第十一条及第十条第二款

将我国《信托法》第二条把信托的定义解释为允许信托当事人自行约定信托财产所有权的归属事宜,首先要面临的问题是我

---

① 周小明:《信托制度:法理与实务》,中国法制出版社 2012 年版,第 41—42 页。

② 张淳:《中国信托法特色论》,法律出版社 2013 年版,第 33—34 页。

国《信托法》在其他条文中是否有禁止信托当事人自行约定信托所有权归属事宜的规范。这一问题主要涉及我国《信托法》第九条和第十一条。

我国《信托法》第九条第一款明确规定了信托文件应当载明的事项。从解释论的角度分析,第(四)项"信托财产的范围、种类及状况"中的"状况"既可以包括信托财产的物理状况,也可以包括信托财产的法律状况;法律状况又可以进一步包括信托财产所有权的归属状况,即谁拥有信托财产的所有权。此外,我国《信托法》第九条第二款的规定也为当事人在信托文件中约定信托财产所有权的归属提供了窗口。信托财产所有权的归属事宜可以被解释为属于该款规定中的"等事项"之一,由当事人在信托文件中约定。

此外,我国《信托法》第十一条规定了信托无效的6种情形。在该条所列举的前5种情形中,并不存在由于当事人在信托文件中约定信托财产所有权的归属而导致信托无效的情况。第6种情形涉及我国《信托法》之外的其他法律、行政法规,在这些规范中也未发现禁止信托当事人在信托文件中约定信托财产所有权归属事宜的情况。因此,从立法角度看,并不存在不允许当事人在信托文件中约定信托财产所有权归属事宜的禁止性规范。

从司法角度看,如果信托当事人内部发生纠纷,不涉及信托关系以外的当事人,则法院并无理由不承认信托当事人在信托文件中的约定具有法律效力,原因在于信托当事人的相关约定属于法律行为。正如朱庆育所指出："法律行为对于当事人有拘束力，若由此发生纠纷诉诸法院，法官应尊重当事人意志，以之为据做出裁判。这意味着，法律行为亦拘束法官。"①即使有关纠纷涉及了信托关系以外的第三人，也主要涉及信托当事人的约定是否能够对抗第三人的问题，并不涉及约定本身的有效性问题。

除了我国《信托法》第十一条涉及信托无效问题，该法第十条第二款涉及关于信托登记的规范亦涉及信托效力问题。从理论上看，信托登记问题对于信托财产所有权的归属事宜影响重大，如果没有相匹配的信托登记程序，则信托当事人对信托财产所有权归属事宜的约定极有可能与善意第三人的利益产生冲突。遗憾的是，尽管我国《信托法》已颁布近20年，但关于信托制度仍未出台具体规范和措施，导致我国信托登记制度悬空。因此，该法第十条第二款中关于信托登记与信托效力的规范暂时不会对信托当事人约定信托财产所有权归属的有效性问题产生影响。

2. 我国《信托法》第十五条首句

尽管周小明和张淳的论点相反，但二者都将我国《信托法》第十五条中的有关规范视为有利于其各自观点的佐证。其中，周小明更关注第十五条首句的规定，而张淳更关注第十五条中段的规定。

我国《信托法》第十五条首句规定："信托财产与委托人未设

---

① 朱庆育：《民法总论》，北京大学出版社2016年4月第2版，第42页。

立信托的其他财产相区别。"周小明据此认为,如果信托财产所有权仍然保留在委托人手里,就不可能与委托人未设立信托的财产相区别。[①] 但周小明的这一论断显然经不起逻辑推敲。如果将我国《信托法》第十五条首句和第十六条第一款对比分析,就能够清楚看到周小明的逻辑漏洞。我国《信托法》第十六条第一款规定:"信托财产与属于受托人所有的财产(以下简称固有财产)相区别,不得归入受托人的固有财产或者成为固有财产的一部分。"将我国《信托法》第十五条首句和第十六条第一款组合到一起,在体系上就构成了信托财产与委托人未设立信托的其他财产和受托人的固有财产相区别的状况,以此保障信托财产的独立性。既然周小明认为,如果信托财产所有权仍然保留在委托人手里,就不可能与委托人未设立信托的财产相区别,我们也可依此逻辑同样认为,如果信托财产所有权归属于受托人,也同样不可能与受托人的固有财产相区别。换言之,信托财产如果能做到与受托人固有财产相区别,就同样能够做到与委托人未设立信托的其他财产相区别。二者是要么都有,要么都无的逻辑关系。这也恰恰意味着在体系上,不论信托当事人选择将信托财产所有权归属于委托人或者受托人,都能够确保信托财产的独立性。

---

① 周小明:《信托制度:法理与实务》,中国法制出版社 2012 年版,第 41—42 页。

3.我国《信托法》第十五条中段和第五十二条

我国《信托法》第十五条中段规定:"设立信托后,委托人死亡或者依法解散、被依法撤销、被宣告破产时,委托人是唯一受益人的,信托终止,信托财产作为其遗产或者清算财产……"张淳据此认为,正是因为信托财产所有权归属于委托人,在委托人死亡或依法解散、被依法撤销、被宣告破产时,信托财产才能够成为其遗产或清算财产。[①] 本书认为张淳的主张并不足取,在表 4-1 通过案例对比的方式予以说明。

表4-1　针对我国《信托法》第十五条的假设案例对比表

要素	案例 1	案例 2
委托人	A_1	A_2
受托人	B_1	B_2
受益人	A_1	A_2
信托财产所有权归属	信托财产所有权属于 A_1	信托财产所有权属于 B_2
信托文件关于信托目的的约定	目的是为受益人获得信托利益	目的是为受益人获得信托利益
信托文件对信托终止事由的约定	无特殊约定,适用我国《信托法》第五十三条	无特殊约定,适用我国《信托法》第五十三条
信托文件对信托终止时信托财产归属事宜的约定	无特殊约定,适用我国《信托法》第五十四条	无特殊约定,适用我国《信托法》第五十四条

---

① 张淳:《中国信托法特色论》,法律出版社 2013 年版,第 34 页。

要素	案例 1	案例 2
委托人死亡或者依法解散、被依法撤销、被宣告破产时对信托而言意味着什么	委托人 A_1 同时也是信托的唯一受益人，A_1 死亡或者依法解散、被依法撤销、被宣告破产时意味着 A_1 无法继续获得信托利益，因此信托目的无法实现	委托人 A_2 同时也是信托的唯一受益人，A_2 委托人死亡或者依法解散、被依法撤销、被宣告破产时意味着 A_2 无法继续获得信托利益，因此信托目的无法实现
后续操作步骤	1. 由于 A_1 去世，导致信托目的无法实现，根据我国《信托法》第五十三条的规定，信托终止 2. 信托终止时，信托财产的归属问题适用我国《信托法》第五十四条的规定，信托财产归属于 A_1 的继承人（当 A_1 是自然人的情况下） （当 A_1 是非自然人时，信托财产作为其清算财产）	1. 由于 A_2 去世，导致信托目的无法实现，根据我国《信托法》第五十三条的规定，信托终止 2. 信托终止时，信托财产的归属问题适用我国《信托法》第五十四条的规定，信托财产归属于 A_2 的继承人（当 A_2 是自然人的情况下） （当 A_2 是非自然人时，信托财产作为其清算财产）

从上述两个案例的对比分析中可以看到，即使不存在我国《信托法》第十五条的规定，不论信托财产所有权在信托设立后归属于委托人还是受托人，当作为唯一受益人的委托人去世时，都将导致信托终止，信托财产所有权均归属于委托人的继承人（当委托人是非自然人时，信托财产作为其清算财产）。虽然我国《信托法》第五十四条仅考虑到了委托人和受益人是自然人的情形，未对委托人或受益人是非自然人的情况进行规定，但根据其逻辑不难推断，信托终止时，当委托人或受益人是非自然人时，信托财

产应作为其清算财产。如果上述分析成立,则意味着我国《信托法》第十五条的规定并无法反向推导出信托财产在信托设立后应归属于委托人的结论。不论信托财产归属于委托人或者受托人,运用我国《信托法》第五十三条和第五十四条的逻辑推导,均能达到我国《信托法》第十五条所规定的结果。

从上述分析中也可以看出,不论信托当事人在信托文件中约定将信托财产所有权归属于委托人或受托人,均与我国《信托法》第十五条中段的规定相符。

与我国《信托法》第十五条中段有关的另一规范是我国《信托法》第五十二条。该条规定:"信托不因委托人或者受托人的死亡、丧失民事行为能力、依法解散、被依法撤销或者被宣告破产而终止,也不因受托人的辞任而终止。但本法或者信托文件另有规定的除外。"周小明正是基于我国《信托法》第五十二条首句的规定,指出:在委托人已经丧失民事权利能力或者已经没有财产拥有资格时,又如何能够保留信托财产所有权?[1] 在此逻辑下,周小明认为我国信托财产所有权必须归属于受托人。但周小明所忽略的是,我国《信托法》第五十二条的末句还规定了"但本法或者信托文件另有规定的除外"。我国《信托法》在相关问题上是否存在其他规定呢? 本书认为确实存在,即上述所讨论的我国《信托法》第十五条。这一特殊规定也正是被主张信托财产所有权应

---

[1] 周小明:《信托制度:法理与实务》,中国法制出版社 2012 年版,第 42 页。

该由委托人保留这一观点的张淳教授所援引。

当委托人死亡、解散、被撤销或者破产时，委托人确实已经丧失民事权利能力，失去财产拥有资格。在此前提下，我国《信托法》第十五条规定当委托人是唯一受益人时，信托财产作为其遗产或者清算财产，以解决委托人丧失民事权利能力且没有财产拥有资格的问题。本书此前已论证过，不论是委托人拥有信托财产所有权，还是受托人拥有信托财产所有权，在委托人是唯一受益人时，均可以推导出当委托人死亡、解散、被撤销或者破产时，信托财产应作为其遗产或者清算财产。

基于此，在委托人是唯一受益人时，周小明所主张的我国信托财产所有权必须归属于受托人的观点并不具备较强的说服力。但是在委托人不是唯一受益人时，周小明的主张说服力较强。如果信托财产所有权仍保留在委托人手中，不论委托人是否是唯一受益人，当委托人死亡、解散、被撤销或者破产时，信托财产都应该作为其遗产或者清算财产。但我国《信托法》第十五条仅在委托人是唯一受益人时，要求将信托财产作为其遗产或者清算财产处理。当委托人不是唯一受益人时，信托存续，信托财产不作为委托人的遗产或者清算财产处理。此时如果还主张委托人享有信托财产的所有权，那么鉴于委托人已经死亡、解散、被撤销或者破产，已经丧失民事权利能力，已经没有财产拥有资格，难道信托财产此时成为无主物了吗？显然，如果把信托财产确定为无主物，将带来非常负面的后果，信托目的难以实现，受益人权利也很难得到保护。

对此问题，除了按照周小明的解释，在信托生效时，就将信托财产的所有权即归属于受托人，还存在其他的解决方法。本书认为，如果委托人确实有在信托设立后仍保留信托财产所有权的需求，在委托人不是唯一受益人的情况下，可以在信托合同中明确约定，在信托设立后，信托财产的所有权不转移给受托人，仍由委托人享有，但当委托人死亡、解散、被撤销或者破产时，信托财产的所有权人将变更为受托人，信托存续。通过合同约定的方式，避免了信托财产变为无主物的风险。既然信托当事人可以通过合同约定的方式解决上述难题，那么周小明的担忧也就不再不可解决，且解决方式也不仅限于周小明所主张的将信托财产的所有权归属受托人的这一路径。允许信托当事人在信托文件中自行约定信托财产所有权的归属事宜的做法仍然可行。

4. 我国《信托法》第二十八条和第二十九条

张淳将我国《信托法》第二十八条和第二十九条中"不同委托人的财产"的表述解读为我国《信托法》明确了信托财产的所有权归属于委托人。但这一观点同样值得商榷。本书认为，对我国《信托法》第二十八条存在不同的解释空间。"受托人不得将不同委托人的信托财产进行相互交易"这一表述可以解释为"受托人不得将来源于不同委托人的信托财产进行相互交易"，也可以解释为"受托人不得将属于不同委托人的信托财产进行相互交易"。

同理,针对我国《信托法》第二十九条的"受托人必须将不同委托人的信托财产分别管理、分别记账"这一表述可以解释为"受托人必须将来源于不同委托人的信托财产分别管理、分别记账",也可以解释为"受托人必须将属于不同委托人的信托财产分别管理、分别记账"。

如果我们将我国《信托法》第二十八条和第二十九条中"不同委托人的财产"解读为"属于不同委托人的财产",则认定信托财产的所有权归属于委托人当属无异。但如果我们将我国《信托法》第二十八条和第二十九条中"不同委托人的财产"解读为"来源于不同委托人的财产",则意味着我国《信托法》在此处只是明确了受托人所持有的信托财产是来源于委托人的,这只是对信托财产取得历史的一种描述,并无确定信托财产所有权归属的规范意义。基于此,根据楼建波和何宝玉的解释路径,不论信托当事人在信托文件中约定将信托财产所有权归属于委托人或受托人,在我国《信托法》第二十八条和第二十九条上均存在恰当的解释空间。

5.我国《信托法》第八条

周小明主张信托设立后,信托财产所有权应该从委托人转移给受托人的另外一个重要理由是,如果信托财产所有权仍由委托人保留,则采取遗嘱信托的方式设立信托是不可能实现的。针对这一问题,主张信托财产所有权应该由委托人保留的张淳也承认过类似的矛盾,并主张只能通过修改我国《信托法》的方式解决。① 由此看来,周小明的这一理由较为充分。

但是,关于遗嘱信托问题,仍有另外一种视角。委托人采取遗嘱的方式设立信托,确实无法做到让信托财产的所有权保留给委托人,因为委托人在信托生效时已经去世了。但这并不意味着所有形式的信托都不能采取委托人保留信托财产所有权的做法,只意味着在遗嘱信托的方式中,无法采取委托人保留信托财产所有权的做法。因此,以遗嘱信托无法采取委托人保留信托财产所有权的情况来反推所有形式的信托都不能采取委托人保留信托财产所有权的观点在逻辑上仍无法成立。

如何才能使我国《信托法》在此问题上实现逻辑自洽? 本书认为,未必如张淳所言,必须通过修改我国《信托法》的方式予以弥补。在解释论上仍然存在可以弥合的空间。我国《信托法》既然规定了遗嘱信托,但由于遗嘱信托在客观上无法实现将信托财产所有权保留给委托人,属于客观不能,因此,可以将我国《信托法》中关于遗嘱信托的规定解释为,在遗嘱信托的情形下,不得采取委托人保留信托财产所有权的做法,以防止出现遗嘱中所列事项由于客观不能因此无效的风险。在非遗嘱信托的情形中,仍可允许信托当事人在信托文件中自行约定信托财产所有权的归属事宜,这样一来我国《信托法》的内部逻辑即实现了自洽。

---

① 张淳:《中国信托法特色论》,法律出版社 2013 年版,第 77—87 页。

6.我国《信托法》第十四条第一款、第四十一条第一款和第
  五十五条

根据周小明的主张,从我国《信托法》第十四条第一款、第四
十一条第一款和第五十五条的规定中也能够看出我国《信托法》
旨在将信托财产所有权归属于受托人的立法意图。我国《信托
法》第十四条第一款规定:"受托人因承诺信托而取得的财产是信
托财产。"在周小明看来,第十四条的意思显而易见,要成为信托
财产,仅有受托人承诺信托的意思表示是不够的,还必须要有受
托人的"取得"行为。①

我国《信托法》第四十一条第一款规定:"受托人有本法第三
十九条第一款第(三)项至第(六)项所列情形之一,职责终止的,
应当作出处理信托事务的报告,并向新受托人办理信托财产和信
托事务的移交手续。"周小明据此认为,只有在旧受托人取得了信
托财产的所有权的情况下,才可能涉及旧受托人向新受托人办理
信托财产的移交手续的可能。②

我国《信托法》第五十五条规定:"依照前条规定,信托财产的
归属确定后,在该信托财产转移给权利归属人的过程中,信托视
为存续,权利归属人视为受益人。"周小明认为,从该条规定中可
以看出,当信托终止时,信托财产的归属确定后,不是由权利归属

---

① 周小明:《信托制度:法理与实务》,中国法制出版社2012年版,第42页。
② 同①。

人取得信托财产,而必须有受托人向权利归属人办理信托财产转移手续。如果信托财产没有转移给受托人,就没有必要办理这一手续。[1]

本书认为,"取得财产"和"取得财产的所有权"在法律意义上不同,"移交财产"和"移交财产的所有权"在法律意义上也不同,"信托财产占有的转移"与"信托财产所有权的转移"在法律意义上依旧不同,不宜混淆。"取得财产"可能仅仅意味着"取得了对财产的占有","办理信托财产的移交手续"也可能仅仅意味着"针对信托财产的占有办理移交手续","信托财产转移给权利归属人"亦可能仅仅意味着"将信托财产的占有权转移给权利归属人",以上情况下都未必涉及信托财产所有权的变更。

此前,张淳在分析中国信托法立法过程中的不同草案时便已提出此区分。在《信托法》草案的第四稿中,信托的定义为"本法所称信托,是指委托人将其财产转移给受托人,受托人以自己的名义依照委托人的指定,为受益人的利益或者特定目的,管理或者处分财产的行为"。在《信托法》草案的第五稿中,信托的定义为"本法所称信托,是指委托人基于对受托人的信任,将其财产转移给受托人,受托人以自己的名义,管理或者处分财产的行为"。根据张淳的观察,《信托法》草案的第四稿和第五稿均删除了此前

---

[1]　周小明:《信托制度:法理与实务》,中国法制出版社2012年版,第42页。

版本草稿中的"受托人有数人时信托财产为其共同共有"的规定。① 也正是基于这一原因,张淳认为《信托法》草案的第四稿和第五稿中"委托人将其财产转移给受托人"的表述,在本质上不同于《信托法》草案的第一稿、第二稿、第三稿、第六稿(即一次审议稿)中"委托人将财产权转移于受托人"或"委托人将财产权转移于给受托人"的表述。② 虽然仅仅是少了一个"权"字,但所传达的意思完全变了。

遵循上述逻辑,我国《信托法》第十四条第一款、第四十一条第一款和第五十五条中的规定均不能充分支持周小明所提出的受托人取得信托财产所有权的主张,能够从上述规范中确定的仅仅是受托人取得了对信托财产的占有。至于受托人在占有的基础上进一步取得信托财产的所有权,可以由信托当事人在信托文件中自行约定。

综上,本书把我国《信托法》第二条解释为允许信托当事人自行约定信托财产所有权归属事宜的解释路径放置在我国《信托法》的整体体系中进行逻辑自洽建言。通过具体分析我国《信托法》第九条、第十一条、第十条第二款、第十五条首句、第十五条中段、第五十二条、第二十八条、第二十九条、第八条、第十四条第一款、第四十一条第一款和第五十五条的不同规范情况,发现上述

---

① 张淳:《中国信托法特色论》,法律出版社 2013 年版,第 33 页。
② 同①,第 34 页。

解释路径与现有各个规范并不矛盾,能够自圆其说。

(四)信托当事人意思自治的边界和限制

即使我国《信托法》充分尊重信托当事人的意思自治,允许信托当事人自行约定信托财产所有权的归属事宜,也并不意味着信托当事人可以毫无限制地进行随意约定。本小节将重点分析信托当事人意思自治的边界和限制问题及不同选择所应关注的事项。

从楼建波和何宝玉已经提出的解释路径来看,在信托设立后,信托当事人可以选择将信托财产所有权继续归属于委托人,也可以选择将信托财产所有权归属于受托人。信托当事人在信托财产所有权归属问题上面临着二选一的问题。在实践中的各种具体情况下,上述两种方案并非都具备可行性,信托当事人并不能完全随意选择。

1. 信托财产所有权归属于委托人的限制

在信托当事人约定信托财产所有权归属于委托人的方案下,如果委托人通过遗嘱信托的方式设立信托,就无法选择将信托财产所有权归属于委托人自身,原因在于信托生效时委托人已离世,不再是法律适格主体。此外,资金信托亦不适合约定由委托人享有信托财产所有权。在信托财产是金钱的情况下,鉴于金钱作为一般等价物,适用转移占有即转移所有权的原则,因此委托人将金钱交付受托人后,即推定丧失对金钱的所有权,否则受托人在对金钱进行管理运用过程中将面临诸多难题,也将对交易安全产生不利影响。信托终止后,受托人根据我国《信托法》第五十五条规定信托财产转移给权利归属人时,如果受托人在此前的信托存续期间已对信托财产进行运用和处分,信托财产即使与委托人在设立信托时交付给受托人的金钱在金额上相同,亦不再是委托人在设立信托时交付给受托人的那个特定的金钱。除非信托设立的目的仅仅是由受托人保管好特定的金钱,如错钞、残钞等具备收藏价值的金钱,但此种情况下的信托类型在性质上更类似于动产信托,而非资金信托。

资金信托不适合采取第一种方案的理由也恰好解释了为何我国《信托法》自 2001 年颁布以来,我国信托业的受托资产管理规模呈总体上涨趋势这一看似悖论的现象。一方面,学界关于信托财产所有权归属这种涉及信托法律最核心架构的问题未达成一致;另一方面,信托实践发展得如火如荼。原因在于,近 20 年来我国信托业的主要业务类型是资金信托。在资金信托业务中,因为信托设立时的信托财产是金钱,因此即使我国《信托法》对信托财产所有权归属问题的规定模糊不清,信托当事人也未对此进行明确约定,但金钱作为一般等价物所适用的转移占有即转移所有权的原则使得信托财产所有权的归属难题得到巧妙解决,受托人毫无争议地取得了信托财产(即金钱)的所有权,且实践中并未在此问题上产生争议。

在信托财产归属委托人的方案下,信托当事人需关注的事项主要有:第一,委托人无须将信托财产所有权转移给受托人,但可以根据实际情况将信托财产的占有权转移给受托人,以便于受托人管理信托财产,但受托人未取得信托财产的所有权。第二,在信托存续期间,委托人不应转让信托财产所有权,否则将影响信托的有效存续。第三,如果委托人并非唯一受益人,则应该在信托文件中明确约定在信托终止前,委托人死亡或者依法解散、被依法撤销、被宣告破产时,信托财产的归属问题。第四,如果委托人未将信托财产与其未设立信托的其他财产相区别,则信托财产的独立性将受到影响,委托人的债权人有权向法院申请执行信托财产。

2. 信托财产所有权归属于受托人的限制

信托当事人约定信托财产所有权归属于受托人的方案,适用范围最广,也是全球信托制度的典型模式。除非委托人对受托人不信任,或者由于其他客观无法实现所有权过户,否则并不存在不适合由受托人拥有信托财产所有权的情形。例如,楼建波列举了我国房地产投资信托(RETIs)业务试点实践中由过户难等原因导致的受托人无法顺利取得信托财产所有权的情形。[1]

---

[1]　楼建波:《信托财产的独立性与信托财产归属的关系——兼论中国〈信托法〉》,《广东社会科学》2012 年第 2 期,第 243 页。

在信托财产归属受托人的方案下,信托当事人需关注的事项主要有:第一,委托人需要将信托财产所有权转移给受托人,受托人取得信托财产的所有权。第二,如果受托人未将信托财产与其固有财产相区别,则信托财产的独立性将受到影响,委托人的债权人有权向法院申请执行信托财产。

3.其他方案的可能性探讨

除了以上两种方案,信托当事人是否还存在其他选择?信托当事人意思自治的边界是否能进一步拓展?从理论分类上看,除了将信托财产所有权归属委托人或受托人两种方案外,其他备选方案有:一是归属信托自身;二是归属受益人;三是归属信托当事人以外的第三人。如果将多个法律主体共有的情况也纳入考虑,则可能的备选方案会进一步增多。

(1)信托财产所有权归属信托自身

将信托财产所有权归属信托自身的好处诸多,[①]但信托当事人能够选择将信托财产所有权归属信托自身的前提是我国法律承认信托的法律主体地位。虽然早在我国《信托法》正式颁布前,就有论者提出我国《信托法》可采取将信托财产赋予信托自身的

---

① 李宇:《商业信托的法人资格》,载于朱晓喆主编《中国信托法评论(第一卷)》,法律出版社 2018 年版,第 90—98 页。另见姜昭《集合资金信托商事法律关系主体化研究》,《法学论坛》2015 年第 2 期,第 93—95 页。

模式,①但我国《信托法》颁布后并未明确赋予信托以法律主体地位。在此情况下,如果信托当事人仍然约定将信托财产归属信托自身,则会面临不利的法律后果。从比较法的角度看,加拿大魁北克省的立法经验能够说明问题。《魁北克民法典》第一千二百六十一条规定:"信托财团由移转于信托的财团组成,构成具有目的的,独立的并与信托人、受托人或受益人的财产相区分的财产,上述人对此等财产不享有任何物权。"②该规范将信托财产认定为独立的财团(Patrimony),③信托的三方当事人都不拥有信托财产所有权。但魁北克的立法模式受到了加拿大学界的批评。基于财团理论建立的魁北克信托法体系并未直接将信托视为法律上的主体,《魁北克民法典》中关于法律主体的规定并未涉及信托,这就使得信托财产在一定程度上成为了"无主物"。④ 即使受托人实际上管理着信托财产,不太可能发生无主物被哄抢的结果,但信托自身法律主体地位的缺失仍让魁北克模式所欲达到的信托财产独立自主的效果大打折扣。

与加拿大的立法模式相比,美国统一州法委员会于 2009 年

① 何锦璇:《信托立法不宜操之过急》,《北大法律评论》1998 年第一卷第二辑,第 635—636 页。
② 《魁北克民法典》,孙建江等译,中国人民大学出版社 2005 年版,第 160 页。
③ 李清池:《作为财团的信托——比较法上的考察与分析》,《北京大学学报(哲学社会科学版)》,2006 年第 4 期,第 130 页。
④ Waters, D. W. MGillen, Mark RSmith, Lionel DWaters, Waters' Law of Trusts in Canada, Toronto:Thomson Carswell, 2005:1428-1429.

公布的《统一法定信托实体法案》(The Uniform Statutory Trust Entity Act)①中的路径更具优势。与《魁北克民法典》中将信托视为财团的思路不同,该法案直接赋予符合一定条件的信托以法定信托实体资格,从而使此类信托在法律意义上与公司、合伙等商事组织形式类似,以便于市场参与主体根据自身需要进行灵活选择。

由此可见,信托当事人能够约定由信托自身享有信托财产所有权的重要前提是相关法律承认信托的法律主体地位。如果未来我国法律赋予信托自身以法律主体地位,届时信托当事人约定将信托财产所有权归属信托自身的方案才会具备可行性。

(2)信托财产所有权归属于受益人或信托当事人以外的第三人

将信托财产所有权归属受益人的方案所面临的最大阻碍源自我国《信托法》第二条中"委托人将其财产权委托给受托人"的表述。如果信托设立时,委托人将信托财产所有权委托给受托人的同时,又将信托财产所有权转移给受益人或信托当事人以外的第三人,则委托人将信托财产所有权委托给受托人的法律基础是否还存在将面临挑战。

此外,我国《信托法》第十五条和第十六条分别要求委托人未

---

① 该法案中译本见《统一法定信托实体法案》,季奎明译,贾希凌校,《私法研究》2011年第2期,第353—382页。

设立信托的其他财产和受托人的固有财产与信托财产相区别,但并未提及受益人或信托当事人以外的第三人的固有财产与信托财产相区分的问题。这也反映出我国《信托法》的立法者并未将信托存续期间的信托财产所有权归属于受益人或信托当事人以外的第三人的情形纳入考量。如果受益人或信托当事人以外的第三人成为信托财产的所有权人,在无法对受益人或信托当事人以外的第三人对固有财产与信托财产进行有效区分时,信托财产的独立性也将受到质疑。

基于上述两个原因,将信托财产所有权归属于受益人或信托当事人以外的第三人的方案的合法性存在问题,信托当事人不宜采取此类方案。

(3)信托财产所有权由委托人和受托人共有

鉴于将信托财产归属信托自身、受益人或信托当事人以外的第三人的方案在现阶段均不具备可行性,因此多个法律主体共有信托财产所有权的模式亦仅剩下由委托人和受托人共有信托财产所有权这一种情形值得讨论。该情形在楼建波和何宝玉的既有分析中均未提及,但仍在信托当事人意思自治的可行边界内。

本书认为,信托当事人在信托文件中约定由委托人和受托人共有信托财产所有权的方案具备可行性。一方面,即使信托财产所有权由委托人和受托人共有,只要委托人和受托人严格遵守我国《信托法》第十五条和第十六条关于委托人未设立信托的其他财产和受托人的固有财产与信托财产相区别的规范,则信托财产的独立性不会受到影响。同时，在此方案下，亦不会出现"委托人将其财产权委托给受托人"的法律基础缺失问题，委托人仍是共有人之一。

此方案的优势在于委托人并未丧失信托财产的全部所有权，因此无须过分担心对受托人的信任问题。同时，受托人成为信托财产所有权的共有人，也更便于其管理和运用信托财产。但如果受托人要处分信托财产的所有权时，则需要委托人的配合或授权。此外，本书之前已经分析的由委托人或受托人单独拥有信托财产所有权的限制也同样适用于共有方案，例如，遗嘱信托和资金信托采用此共有方案。如果委托人并非唯一受益人，亦应在信托文件中明确约定在信托终止前，委托人死亡或者依法解散、被依法撤销、被宣告破产时，由委托人拥有的那部分信托财产所有权的归属事宜。在信托存续期间，委托人亦不应转让其所拥有的部分信托财产所有权。

二、信托登记制度问题

我国《信托法》对于信托设立时，对何种信托财产应该办理登记的规定不明，对应该办理信托登记的信托财产具体如何办理登记也规定不明。这既牵涉到信托是否能够生效的问题，又牵涉到信托财产能否实现独立性的问题,还牵涉到对善意第三人的保护问题。下文将详细展开分析。

(一)有关规定及立法沿革

对于信托登记问题,我国《信托法》第十条进行了相对不明确的规定。从《信托法》第十条中,无法看出在信托设立时,哪些信托财产必须办理信托登记;也无法看出信托登记具体的办理手续、登记流程、登记内容等核心问题。

在我国《信托法》的立法过程中,三次审议稿均提及了信托登记问题,但表述各不相同,如表 4-2 所示。

表 4-2　《信托法》历次草案关于信托登记有关规范的归纳表

版本	关于信托登记的内容
一次审议稿①	第十九条 委托人以法律规定应登记的财产进行信托的,应向有关登记机关办理信托登记。未登记的,信托不得对抗第三人
二次审议稿②	第九条 设立信托,受托人接受委托人所委托的财产,法律、行政法规规定应当办理登记手续的,应当依法办理信托登记

---

①　《中华人民共和国信托法(草案)》,载于卞耀武主编《中华人民共和国信托法释义》,法律出版社 2002 年版,第 198 页。

②　《中华人民共和国信托法(草案)》(二次审议稿),载于卞耀武主编《中华人民共和国信托法释义》,法律出版社 2002 年版,第 222 页。

续　表

版本	关于信托登记的内容
三次审议稿①	第九条　设立信托,对于信托财产,有关法律、行政法规规定应当办理登记手续的,应当依法办理信托登记。 未依照前款规定办理信托登记的,应当补办登记手续;不补办的,该信托不产生效力
正式颁布实施的《信托法》	第十条　设立信托,对于信托财产,有关法律、行政法规规定应当办理登记手续的,应当依法办理信托登记。 未依照前款规定办理信托登记的,应当补办登记手续;不补办的,该信托不产生效力

从历次草案关于信托登记的内容中可以发现,在立法阶段,对信托登记的考虑是较为模糊的,未对信托登记的具体内容和程序有所展开。但不应忽视的是,一次审议稿最初确定的信托登记原则是"登记对抗原则",而非后来的"登记生效原则"。这意味着信托登记的效力问题在立法过程中还是存有争议的,至于为何我国《信托法》最终采取登记生效原则,弃用登记对抗原则,尚缺少必要的文献予以披露,只能留待学界进一步解释和完善。

尽管从实际生效规则来看,信托登记制度仅仅在我国《信托法》层面有所规定,但此前我国住房和城乡建设部以及中国银行业监督管理委员会都曾尝试推动信托登记制度在我国的具体落实。遗憾的是,上述推动最终并未产生实际的结果,但今天我们重新研究上述两家机构以往的行动历史,仍然可以为日后进一步

---

① 《中华人民共和国信托法(草案)》(三次审议稿),载于卞耀武主编《中华人民共和国信托法释义》,法律出版社2002年版,第240页。

完善我国的信托登记制度提供诸多参考。下文将进行简要的回顾和分析。

此前,我国住房和城乡建设部曾推动过关于房地产信托登记部门规章的起草工作,初步形成了《房地产信托登记暂行办法(草案)》。但该草案并未向社会公开,目前只能在有关学者的论著中管窥草案的部分内容。[1] 从有限的信息中可以看出,住房和城乡建设部亦对《信托法》第二条中"委托给"的表述拿捏不定,从而对不动产信托登记制度的构建造成限制。本书已在上一章中对《信托法》中"委托给"的表述采取了"立法不全面表述＋信托当事人各取所需说"的解释路径,如果住房和城乡建设部亦采取这一解释路径,其所关注的应该就主要是信托当事人在信托合同中的约定,而无须再纠结《信托法》第二条的表述了。

遗憾的是,住房和城乡建设部主推的《房地产信托登记暂行办法(草案)》最终未能面世。可能的原因是,2013 年 11 月 20 日,国务院第 31 次常务会议决定推动不动产统一登记制度,[2]此后关于不动产登记的职责统一由国土资源部一个部门管理,住房和城乡建设部不再负责房地产登记的有关事宜。

在国土资源部的统一推动下,《不动产登记暂行条例》已由国

---

[1]　孟强:《信托登记制度研究》,中国人民大学出版社 2012 年版,第 152—154 页。

[2]　关于该次会议的更为详尽的内容见中央政府门户网站,网址:http://www.gov.cn/ldhd/2013-11/20/content_2531230.htm. 最后访问时间:2018 年 3 月 31 日。

务院颁布施行。① 随后,《不动产登记暂行条例实施细则》亦正式
出台。② 回过头来看,我国自 2013 年开始的不动产统一制度改
革是我国信托登记制度顺带向前发展的一次很好契机,如果能将
不动产信托登记纳入不动产登记制度中,则在很大程度上解决了
我国信托登记制度多年悬空的尴尬问题。遗憾的是,不论是《不
动产登记暂行条例》,还是《不动产登记暂行条例实施细则》,均未
实质性地规定任何关于信托登记的内容。

略感安慰的是,《不动产登记暂行条例实施细则》第八章附则
中的第一百○六条规定:"不动产信托依法需要登记的,由国土资
源部会同有关部门另行规定。"但自 2016 年 1 月 1 日以来,尚未
见到任何关于国土资源部会同有关部门另行推动信托登记制度
的报道。

2008 年,中国银行业监督管理委员会曾起草过《信托登记管
理办法(征求意见稿)》。③ 在信托登记效力问题上,该办法严格
遵循了我国《信托法》第十条中所采取的登记生效主义的基本思
路及用语表述,规定"未依照《中华人民共和国信托法》和本办法
规定办理信托登记的,应当补齐登记手续,不补办的,信托不产生

---

① 国务院于 2014 年 11 月 24 日《不动产登记暂行条例》,该条例已于 2015 年 3
月 1 日起施行。

② 国土资源部于 2016 年 1 月 1 日公布并施行《不动产登记暂行条例实施细则》。

③ 孟强:《信托登记制度研究》,中国人民大学出版社 2012 年版,第 154—162 页。

效力"。① 作为《信托法》的下位规章,该办法采取此种进路是可以理解的,否则会引起下位法与上位法之间的冲突问题。

该办法所指向的信托登记范围以特定受托人(即信托机构)为中心而展开,信托登记"是指信托登记机构依信托机构申请,对委托人设立信托的非现金资产及其变动情况予以记录,证明为信托财产的行为"。② 由此不难推断,该办法的主要目的是信托公司在开展非现金信托业务时能够对抗外部第三人。在登记模式上,该办法采取了统一登记的模式,即由信托登记机构统一负责信托登记问题。

尽管该征求意见稿在学者眼中仍存在一定问题,如信托登记机构图和协调及衔接各类专门的财产权登记机构(房屋登记部门、土地使用权登记部门、车辆登记部门、知识产权登记部门等)的问题,③但该征求意见稿是针对构建我国信托登记制度的一次勇敢尝试。时隔 10 年,虽然中国银行业监督管理委员会终于在2017 年出台《信托登记管理办法》,但该办法中的信托登记完全转成为信托产品登记,使得针对信托财产进行登记的"纯粹"信托登记制度变得遥不可及。下文将简要分析信托登记与信托产品登记的本质区别。

2017 年 8 月 25 日,中国银行业监督管理委员会出台了《信

---

① 《信托登记管理办法(征求意见稿)》第二十七条。

② 《信托登记管理办法(征求意见稿)》第三条。

③ 《信托登记制度研究》,中国人民大学出版社 2012 年版,第 154—162 页。

托登记管理办法》。该办法的名称中虽然含有"信托登记"的表述,但该办法与《信托法》中涉及的信托登记并非同一件事情。①《信托登记管理办法》中所指的信托登记是对我国信托公司作为受托人的信托产品的登记,信托公司以外的其他主体作为受托人的信托并不在中国信托登记有限责任公司登记。

根据中国银行业监督管理委员会官方网站上的报道,中国银行业监督管理委员会并无意使该办法涉及信托财产登记领域,其定位是"服务行业发展和监管的基础性建设(不涉及信托财产登记)"。②

根据中国银行业监督管理委员会有关部门负责人就《信托登记管理办法》答记者问时对该制度制定的背景和意义的介绍中也可以看出,《信托登记管理办法》旨在规范以我国 68 家信托公司为参与主体的中国信托行业的有序发展,凡是我国信托公司推出的信托产品,均需要在中国信托登记有限责任公司的信托登记系统上办理登记。信托产品的登记,让信托产品阳光化,防止虚假

---

① 《信托登记管理办法》第二条。

② 《银监会发〈信托登记管理办法〉》,载于中国银行业监督管理委员会官方网站,网址:http://www.cbrc.gov.cn/chinese/home/docView/10CCFFBECA9A49B6B5A37EB33D22D141.html。最后访问时间:2018 年 3 月 31 日。

诈骗,保护投资者利益。①

《信托登记管理办法》确定的信托登记机构是中国信托登记有限责任公司。尽管《信托登记管理办法》明确了目前的信托产品登记体系中不涉及信托财产登记,但是该公司后续是否有可能提供更为多样性的信托登记服务,甚至最终能够提供《信托法》意义上的信托登记呢? 情况恐怕不是特别乐观。

中国银行业监督管理委员会于 2016 年 12 月 22 日出台了《中国信托登记有限责任公司监督管理办法》。② 该办法第六条对该公司的经营业务范围有明确的规定。③ 从该规定可见,在中国银行业监督管理委员会主导下,中国信托登记有限责任公司的职能定位就明确与《信托法》中的信托登记制度划清了界限。对于不需要办理法定权属登记的信托财产,不论是否在中国信托登记有限责任公司办理信托登记,均不会产生《信托法》意义上的区别。

---

① 中国银行业监督管理委员会有关部门负责人的介绍:"……《办法》对信托业发展和监督具有积极意义,能够促进信托业务更加规范开展,完善行业信息披露,提升监管力度……"详见中国银行业监督管理委员会官方网站,网址:http://www. cbrc. gov. cn/ chinese/home/ docView/CFCC2198CCF04893B5F994DA51223BD7. html。最后访问时间:2018 年 3 月 31 日。

② 详见《中国银监会关于印发中国信托登记有限责任公司监督管理办法的通知》(银监发〔2016〕54 号),载于中国银行业监督管理委员会官方网站,网址:http://www. cbrc. gov. cn/govView_51BC53D467024CD0881ADCF05CC6F417. html。最后访问时间:2018 年 3 月 31 日。

③ 《中国信托登记有限责任公司监督管理办法》第六条中最值得关注的是第七项"提供其他不需要办理法定权属登记的信托财产的登记服务"。

(二)学界观点梳理

对于哪些信托财产应该办理信托登记,《信托法》第十条描述得非常模糊,只是以"有关法律、行政法规规定应当办理登记手续的"作为限定条件。对此问题,有关学者的观点如下。

作为《信托法》起草小组组长的江平曾经在其自述中对《信托法》中有关信托登记的规定进行回顾,并反问:"连《信托法》中都没有说明哪些信托财产需要登记,我们还能指望再有什么法来规定哪些信托财产需要登记?!"①对于江平的感慨,本书认为一种可能的解释思路就是目前我国并无法律、行政法规明确规定了哪些信托财产需要办理登记,因此,目前全部信托财产都是不需要办理登记的,直到我国未来明确出台关于哪些信托财产需要办理登记的法律或行政法规。

但是,孟强则持不同观点,其认为《信托法》无须明确规定哪些信托财产需要办理登记,只要相关法律法规规定某一财产类别需要办理登记的,如果信托当事人拟将该类财产设定为信托财产,就应该在登记时特别注明。②

---

① 江平、陈夏红:《沉浮与枯荣:八十自述》,法律出版社 2010 年版,第 415 页。
② 孟强:《信托登记制度研究》,中国人民大学出版社 2012 年版,第 92 页、第 154—155 页。

卞耀武在其主编的《中华人民共和国信托法释义》中也主张，按照我国有关的民事法律和其他法律的规定，涉及某些特定的财产或财产权利的产生、变更、终止，都必须办理相应的登记或注册手续，随后还列举了"有关法律、行政法规规定应当办理登记手续"的情形，包括《中华人民共和国民用航空法》《中华人民共和国海商法》《中华人民共和国土地管理法》《中华人民共和国城市房地产管理法》等。①

在需要登记的信托财产范围上，周小明、孟强和卞耀武持不同观点，②争议主要集中于那些产生登记对抗效力的财产类型是否需要办理信托登记的问题上。在此问题上，本书较为同意孟强和卞耀武的观点。从文义解释的角度看《信托法》第十条中"有关法律、行政法规规定应当办理登记手续的"这一表述，无法得出"登记手续"是指"登记生效的手续"还是"登记对抗的手续"，《信托法》第十条第二款末句的"信托不产生效力"与"登记生效的手续"并不具有一一对应的关系。否则，如果《信托法》第十条第二款末句改为"信托不得对抗第三人"，难道《信托法》第十条第一款中所指"有关法律、行政法规规定应当办理登记手续的"财产就变成了产生登记对抗效力的财产类型了？难道那些产生登记生效效力的财产类型就无须再登记了？情况显然并非如此。基于此，

---

① 卞耀武：《中华人民共和国信托法释义》，法律出版社2002年版，第66—67页。
② 周小明：《信托制度：法理与实务》，中国法制出版社2012年版，第154页。

本书认为孟强和卞耀武的观点更为合理。

在学界关于登记生效和登记对抗的争论中,张淳较为支持目前我国《信托法》第十条所采用的登记生效主义。[1] 除张淳外,其他的中国学者则几乎一边倒地站在了反对登记生效主义的行列。[2] 本书较为同意登记对抗主义的路径。在此模式下,当事人的意思自治能够得到最大程度的尊重,有利于当事人选择最有利于自己的方案。张淳站在便于政府监督私人信托的立场上,恐与私法自治的基本理念不符。

尽管我国学界在理论上关于信托登记的讨论较为丰富,但略显尴尬的是,在我国目前的实践中,需要登记的财产所对应的登记机关几乎都无法办理信托登记。赵廉慧也发现了我国目前存在的这一问题:"实务中,相关的登记主管机关目前还不承认和认可信托文件作为财产权登记的法律依据,致使目前设立资金信托以外的财产信托非常困难,这构成了信托实务发展的瓶颈。"[3]这意味着在现阶段,关于信托登记的建设问题仍停留在文字层面。学界对信托登记问题分析得热火朝天,实践中却一潭死水,短期内根本不存在操作的可能性。

在这种现实情况下,是否意味着由于财产登记机关的不作为,就只能令中国信托实践在短期内裹足不前了呢? 本书主张应

---

[1]　张淳:《中国信托法特色论》,法律出版社 2013 版,第 133—134 页。
[2]　赵廉慧:《信托法解释论》,中国法制出版社 2015 年版,第 245 页。
[3]　同①。

该在解释论上采取尽量宽松的路径,在现阶段立法和实践不作为的情况下尽量减少信托登记问题对信托实践所产生的不利影响,从而尽可能发挥信托的各项功能,特别是争议预防和解决的功能。

(三)适当宽松的解释论路径

本书在此前关于信托破产隔离机制的有关研究中认为,既然我国信托登记制度实际并未真正建立,因此有必要暂时确定一套适当宽松并切实可行的法律适用标准来指导实践,以解决现阶段信托登记制度缺失所带来的诸多问题。[1] 在具体适用标准上,有两种具体思路:第一,鉴于信托登记在实践中尚无法真正落实,因此不论委托人是否以应进行信托登记之财产设立信托的,都一律被视为有效;第二,如果委托人设立信托时,相关的信托财产属于无须进行信托登记之财产,则即使后续受托人在管理、运用、处分该信托财产时,信托财产的种类从无须进行信托登记的类型变为应进行信托登记的类型,亦不因没有进行信托登记而导致信托的效力存在瑕疵。[2]

---

[1] 李凯更、吴国基:《破产管理人视角下的信托破产隔离机制探析》,《浙江金融》2015 年第 10 期,第 4—8 页。

[2] 同[1]。

在运用信托制度尽量预防和解决中国家事纠纷的语境下,本书仍倾向于上述宽松的解释路径,但本书认为《信托法》第十条第二款关于补办的规定也同样应该引起重视。既然我国《信托法》规定了信托登记的补办制度,那么可以更加大胆地以应登记之财产设立信托。尽管在我国目前的实践操作中,缺少实际办理信托登记的可能,但日后一旦我国完善了信托登记制度,则现阶段已经设立的信托当然可以根据《信托法》中的补充登记条款将有关登记补齐,这样就不会导致信托的无效。

(四)更为激进的立法论路径

本书前文试图从解释论的路径上弥合我国信托登记制度具体无法落实所造成的矛盾。本小节拟跳出解释论的限制,尝试提出一套在缺少信托登记制度的情况下,立法可以采取怎样的替代性措施以从根本上解决这一问题。

目前,我国信托制度与实践的基本情况是:第一,信托登记制度无法真正落实;第二,受托人主要以作为金融机构的68家信托公司为主;第三,各家信托公司目前开展的受托业务主要以资金信托为主,信托财产有时也涉及一些无须进行登记的财产类型。不难发现,造成这一基本格局的主要原因是,信托公司由于顾忌信托登记制度的缺失所造成的法律后果不确定性而避免开展特定种类的信托业务。[1]

如前所述,信托登记制度的目的主要是能够使信托财产具有更强的独立性,可以有效对抗第三人。在信托登记制度难以具体落实的情况下,并非没有其他方法达到类似的效果。本书主张,在立法论上,如果落实信托登记制度缺失在短期内存在难题,立法者或可考虑替代性解决方案,即对特定受托人采取更为特别的对待方式,即不以信托财产是否登记作为能否有效对抗第三人的法律要件,而是以特定主体为标准来框定对抗第三人的情形。例如,在我国,立法者可以考虑对信托公司予以特别对待,可以将信托公司持有的财产原则上均视为信托财产;信托公司无须对信托财产进行特别登记。此种方式将使信托公司在开展信托业务时能够极大地放开手脚,开展各种类型的信托业务,为中国家事争议的预防和解决提供丰富多样的信托服务。信托公司可以自愿将其固有财产进行登记,以此方式确保固有财产与信托财产的隔离。此外,立法者也可以鼓励信托公司作为受托人管理和处分信托财产时,主动向交易对手告知待交易财产的信托财产属性,以

---

[1] 当然,这种情况也并非绝对。近年来,有小部分信托公司已经试探性地开始尝试不动产信托等新业务类型。但不可否认的是,此类业务尚未出现法律争议,一旦未来出现法律争议,由于信托登记制度本身的不完善,争议起诉至法院后的裁判结果存在很大的不确定性。关于信托公司开展不动产信托的报道,详见胡萍:《中国外贸信托成功探索境内首单不动产传承家族信托》,载于中国金融新闻网 http://www.financialnews.com.cn/trust/hyzx/201801/t20180108_131060.html。最后访问时间:2018 年 3 月 12 日。

此进一步确保交易安全。

至于上述立法模式是否会引发信托公司的道德风险,本书认为立法者倒不必过分担忧。在我国,信托公司的金融牌照属于稀缺牌照,需经金融监管机构逐一审批才能获得信托业务资格。截至目前,我国仅有 68 家信托公司,在数量上远远小于银行,且银行业监督管理机构(中国银行保险监督管理委员会)对信托公司的监管极其严格,信托公司的每一笔信托业务都需通过信托产品预登记系统向监管机构备案,在监管无异议后方可展业。此种严格的监管态势足以使信托公司谨慎处理每一笔信托业务。

在学术界,有关研究也印证了本书的上述提议。正如有研究指出,机构受托人的出现可以减少对有关信托公司制度的疑虑。一个消除受托人信用风险及公示风险的有效方法,就是选适当的法人(金融机构)担任受托人,此种安排在商业信托与金融市场中最为常见。一方面金融机构的资产雄厚易于追索,另一方面金融机构被纳入最严格的监管机制中,与其往来的债权人可以轻易核查其自有资产与信托财产的状况。①

---

① 王文宇:《民商法理论与经济分析(二)》,台北元照出版 2003 年版,第 307 页。

三、受益人权利有效保护问题

(一)有关规定及立法沿革

本书认为,对受益人权利的保护在我国《信托法》中是成体系的。受益人取得信托受益权,就是信托的目的和存在的意义(在目的信托中,信托目的由受益人取得信托受益权变为特定目的能够实现)。对受益人权利的保护,就是对信托目的的保护。信托目的是以结果性的方式实现的,对受益人权利的保护则可以通过过程性的方式体现出来,并以受益人取得信托受益权作为结果最终呈现。

我国《信托法》第四十三条第一款明确了受益人所拥有的核心权利就是信托收益权。我国《信托法》第四十九条第一款在整个信托存续期间赋予了受益人与委托人几乎相同的权利,目的是便于受益人在信托存续期间对整个信托的运行情况进行监督,在出现问题随时采取救济措施。我国《信托法》第二十条规定的委托人享有的知情权,受益人也同时享有。我国《信托法》第二十一条规定的委托人享有的调整信托财产管理方法的权利,受益人也同时享有。我国《信托法》第二十二条规定的委托人享有的撤销权,受益人也同时享有。我国《信托法》第二十三条规定的委托人享有的解任权,受益人也同时享有。

从上述规定可以看出,第二十条至第二十三条规定由受益人享有的权利(同时也为委托人所享有)主要是对人权,即对受托人的权利,如:要求受托人对信托财产的管理情况做出说明,要求受托人调整该信托财产的管理方法,请求法院撤销受托人的不当处分行为,要求受托人恢复信托财产的原状或者予以赔偿,解任受托人,等。

在此意义上,受益人并不直接对信托财产享有对物权。如果受托人不当处理信托财产的交易对手是善意第三人时,即不知道受托人违反了信托目的而与之交易并取得信托财产的,是无须返还信托财产或对受益人进行赔偿的。此时,受益人只能追究受托人的责任并请求赔偿。在此立法模式下,受益人本来应该可以通过信托登记制度来对抗第三人,但遗憾的是,信托登记制度在我国尚未建立,详见本书前文相关讨论。

《信托法》草案的二次审议稿[1]和三次审议稿[2]与正式颁布施行的《信托法》中关于受益人权利的情况基本相同,本书不再赘

---

[1] 《中华人民共和国信托法(草案)》(二次审议稿),载于卞耀武主编《中华人民共和国信托法释义》,法律出版社 2002 年版,第 224—225 页。

[2] 《中华人民共和国信托法(草案)》(三次审议稿),载于卞耀武主编《中华人民共和国信托法释义》,法律出版社 2002 年版,第 243 页。

述。在《信托法》草案的第一稿中,关于受益人权利的规定略有不同,但也明确了受益人享有的权利主要是对人权,而非对物权。① 此外,该草案第四十四条明确了受托人违反信托目的处分信托财产时受益人的救济措施,其中亦明确"不影响善意第三人已经取得的利益"。② 由此可见,在信托法立法过程中,受益人所享有的权利类型主要是按照对人权的模式构建的。

(二)学界观点梳理

提到信托制度中的受益人权利保护问题,就无法绕过关于受益人权利性质(即信托受益权的性质)的讨论。中外学界对此问题的讨论相当丰富,学说众多,以下分别介绍。

债权说主张受益权的性质在本质上属于债权。财产权在设

---

① 草案一次审议稿第四十三条规定:"受益人享有本法第二十一条规定的委托人享有的权利。"相应地,该草案第二十一条规定:"委托人有权查阅、抄录或者复制预期信托财产有关的信托账目以及处理信托事务的其他文件。委托人有权了解其信托财产的管理、处分及收支情况,并有权要求受托人做出说明。"详见《中华人民共和国信托法(草案)》,载于卞耀武主编《中华人民共和国信托法释义》,法律出版社2002年版,第201页。

② 草案一次审议稿第四十四条规定:"(第一款)受托人违反信托目的处分信托财产,受益人可以向受托人住所地人民法院申请撤销该处分,但不影响善意第三人已经取得的利益。(第二款)人民法院依据共同受益人之一的请求做出的撤销,对其他受益人同样有效。(第三款)第一款规定的申请权,自受益人知道或者应当知道撤销原因之日起一年内不行使的,归于消灭。"详见《中华人民共和国信托法(草案)》,载于卞耀武主编《中华人民共和国信托法释义》,法律出版社2002年版,第201页。

立信托的同时即归属受托人,受托人按照信托目的负有为受益人的利益管理和处分信托财产的义务,受益人对受托人享有债权。① 有论者指出,债权说是当今立法界最普遍也最具影响力的观点。美国的纽约州、加利福尼亚州,日本,韩国,印度的信托法采用的都是债权说。②

物权说主张信托受益权的本质并非相对于受托人的债权,而是相对于信托财产的物权。实质上,与其说受益人对受托人享有权利,不如说受益人是对信托财产享有权利。正是在此意义上,我国《信托法》第二十二条和第四十九条赋予受益人的信托撤销权才有正当的理由。③ 但是,也有论者认为,根据物权说的逻辑,在受托人对信托财产享有完整权的同时,受益人也对信托财产享有直接、完整的权利。如此,就形成同一个信托财产之上存在两个权利主体的现象,这违反了大陆法系民法中的一物一权原则。④

根据周小明的主张,从我国《信托法》的规定来看,信托受益权属于一种特殊性质的债权。⑤ 在赵廉慧看来,物权债权的二元

---

① 中野正俊、张军建:《信托法》,中国方正出版社 2004 年版,第18—20 页。
② 中野正俊、张军建:《信托法》,中国方正出版社 2004 年版,第20 页。
③ 中野正俊、张军建:《信托法》,中国方正出版社 2004 年版,第21 页。
④ 入江真太郎:《信托财产的思考》,载于《日本民商法杂志》第 16 卷,第 477 页。转引自中野正俊、张军建:《信托法》,中国方正出版社 2004 年版,第21 页。
⑤ 周小明:《信托制度:法理与实务》,中国法制出版社 2012 年版,第 250 页。

论划分逻辑在解读信托受益权方面存在明显不足,解释力有限。[①] 因此,赵廉慧提出了一种新的解释视角,即剩余索取权说。[②] 除以上学说外,理论界还有"实质性法主体说""相对性权利转移说""限制性权利转移说""双重所有权说"[③]"新债权说"[④]等不同学说。

(三)本书的解释进路

本书认为,在信托财产所有权归属受托人的情况下,债权说的解释主张较为贴近,本书亦无法提出其他更为精确的解释路径。但是正如本书在前文对信托财产所有权归属问题上所采取的"立法不全面表述+信托当事人各取所需说"中所指出的,信托财产所有权的归属问题关键在于信托当事人如何在信托合同中进行约定。

如果信托合同中约定的信托财产所有权归属受托人,则债权说的解释路径是恰当的。如果信托合同中约定的信托财产所有权归属于受益人,则物权说的解释路径是恰当的。如果信托合同

---

① 赵廉慧:《信托法解释论》,中国法制出版社 2015 年版,第 431—436 页。

② 赵廉慧:《信托法解释论》,中国法制出版社 2015 年版,第 438 页。

③ 关于"实质性法主体说""相对性权利转移说""限制性权利转移说""双重所有权说"的介绍详见中野正俊、张军建:《信托法》,中国方正出版社 2004 年版,第 22—27 页。

④ 新井诚:《信托法》,中国政法大学出版社 2017 年版,第 51 页。

中约定的信托财产所有权归属于委托人,则债权说的解释路径仍然是恰当的,不过此时债权所对应的债务人可能未必仅仅是受托人,还有可能是作为信托财产所有权人的委托人。

结　论

　　本书以我国信托公司在服务信托领域的转型为切入点，结合近年来我国法院体系推行的家事审判改革热点，提出家事服务信托是一种值得尝试的家事纠纷预防和解决工具。本书对信托公司开展家事服务信托业务的相关准备工作提出了具体的建议，强调信托公司应该在战略层面充分重视家事服务信托业务，加强家事服务信托业务的研发投入和人才培养，加强家事服务信托信息系统建设，制定合理的家事服务信托收费机制，加强相关宣传普及工作并打造家事服务信托生态圈。

　　在家事服务信托产品设计方面，本书认为信托公司应该以家事纠纷的具体类型为逻辑指引来设计家事服务信托产品体系。本书重点讨论了未成年人成长保障家事服务信托、婚前财产保护家事服务信托、同居相关家事服务信托、婚姻财产保护家事服务信托、离婚财产安排家事服务信托、分家相关家事服务信托、养老保障家事服务信托、继承相关家事服务信托、精神传承类家事服务信托等具体家事服务信托产品的设计背景和典型适用场景。

在家事服务信托涉及的相关法律规范完善方面,本书分别针对信托财产所有权归属问题、信托登记问题和受益人权利保护有效性问题在解释论和立法论两个维度提出具体的改进建议。

本书希望在不远的将来可以看到家事服务信托在我国家事领域得到广泛应用,更多的家事纠纷得以预防和化解,更多的美满家庭得以存在。在服务人民美好生活方面,家事服务信托大有可为。